Kochkurs für Feinschmecker

Italien

Maxine Clark

Kochkurs für Feinschmecker

Italien

120 Originalrezepte
von 21 Meisterköchen

CHRISTIAN VERLAG

Aus dem Englischen übersetzt von Natascha Afanassjew
Redaktion: Inken Kloppenburg Verlags-Service,
München
Korrektur: Kristina Grasse
Umschlaggestaltung: Horst Bätz
Herstellung: Dieter Lidl
Satz: Studio Fink, Gräfelfing

Copyright © 2002 der deutschsprachigen Ausgabe
by Christian Verlag, München
www.christian-verlag.de

Die Originalausgabe mit dem Titel *Masterclass in Italian
Cooking* wurde erstmals 2002 im Verlag Pavilion Books
Limited, London, veröffentlicht.

Copyright © 2002 für den Text: Maxine Clark
Copyright © 2002 für die Spezialfotografien: Gus Filgate
Copyright © 2002 für Design und Layout:
Pavilion Books Ltd.
Design: Nigel Soper

Fotos auf den Seiten 2 – 23 mit freundlicher
Genehmigung von The Anthony Blake Photo Library,
außer Seite 14 von Gus Filgate.

Printed in Singapore

Alle deutschsprachigen Rechte vorbehalten

ISBN 3-88472-511-4

HINWEIS

Alle Informationen und Hinweise, die in diesem Buch
enthalten sind, wurden vom Autor nach bestem Wissen
erarbeitet und von ihm und dem Verlag mit größt-
möglicher Sorgfalt überprüft. Unter Berücksichtigung
des Produkthaftungsrechts müssen wir allerdings darauf
hinweisen, dass inhaltliche Fehler oder Auslassungen
nicht völlig auszuschließen sind. Für etwaige fehlerhafte
Angaben können Autor, Verlag und Verlagsmitarbeiter
keinerlei Verpflichtung und Haftung übernehmen.

Korrekturhinweise sind jederzeit willkommen und werden gerne berücksichtigt.

DANKSAGUNG

Ich möchte Sara Schwartz und Pia Scavia dafür
danken, dass sie an mich geglaubt haben und mir die
Möglichkeit gaben, in der Toskana und auf Sizilien zu
unterrichten. Ich danke allen italienischen (und nicht-
italienischen) Chefköchen, mit denen ich in der Vergangenheit zusammengearbeitet habe, für ihre Leidenschaft und Liebe zur italienischen Küche, die sie in mir
so reichlich geweckt haben. Mein Dank gilt auch der
Familie Ravidà in Menfi auf Sizilien, die ihr Haus mit
mir teilte und mich in ihr Herz schloss, sowie Stefano
und Monica in der Fattoria Montellucci, die mich
immer wieder in der Toskana willkommen hießen.
Außerdem danke ich all meinen früheren wie heutigen
Kollegen in den Versuchsküchen, die stets für solch
eine fröhliche Arbeitsatmosphäre gesorgt haben, insbesondere Annie, Natalie und Lizzie.

Gus Filgate, der höchst talentierte Fotograf, sowie
Penny Markham, die hervorragende Stylistin dieses
Buches, strahlten geradezu vor Enthusiasmus und
Talent, während sie die Fotos für das Buch machten, und
zusammen sind uns einige wunderschöne Aufnahmen
gelungen. Wir sind befreundet, und ich kann ihnen gar
nicht genug für die harte Arbeit danken, die sie geleistet
haben, und für ihren wunderbaren Humor – selbst als
ich mir gegen Ende den Rücken verletzte und die Vor-
gänge in der Küche vom Sofa aus dirigieren musste! Gus'
wunderbarer Assistent Will sorgte stets für ausreichend
Kaffee und auch für pfiffige Bemerkungen. Ich danke
meinen wundervollen Assistentinnen, die so hart gearbeitet haben, voll Energie waren und die Tage in der
Studioküche zu solch einem Vergnügen für mich machten
– Kate Habershon, Becca Hetherston, Christine
Rodrigues und, als Gast, Julz Beresford! Schließlich
gilt mein großer Dank auch Vivien James von Pavilion,
die mich bat, dieses Buch zu schreiben, und meiner
Redakteurin Zoë Antoniou, die es nicht leicht hatte,
mich bei der Stange zu halten, doch schließlich erfolg-
reich war!

ANMERKUNG

[V] = Vegetarische Rezepte

Maxine Clark

Kochkurs für Feinschmecker
Italien

120 Originalrezepte
von 21 Meisterköchen

CHRISTIAN VERLAG

Aus dem Englischen übersetzt von Natascha Afanassjew
Redaktion: Inken Kloppenburg Verlags-Service,
München
Korrektur: Kristina Grasse
Umschlaggestaltung: Horst Bätz
Herstellung: Dieter Lidl
Satz: Studio Fink, Gräfelfing

Copyright © 2002 der deutschsprachigen Ausgabe
by Christian Verlag, München
www.christian-verlag.de

Die Originalausgabe mit dem Titel *Masterclass in Italian
Cooking* wurde erstmals 2002 im Verlag Pavilion Books
Limited, London, veröffentlicht.

Copyright © 2002 für den Text: Maxine Clark
Copyright © 2002 für die Spezialfotografien: Gus Filgate
Copyright © 2002 für Design und Layout:
Pavilion Books Ltd.
Design: Nigel Soper

Fotos auf den Seiten 2–23 mit freundlicher
Genehmigung von The Anthony Blake Photo Library,
außer Seite 14 von Gus Filgate.

Printed in Singapore

Alle deutschsprachigen Rechte vorbehalten

ISBN 3-88472-511-4

HINWEIS

Alle Informationen und Hinweise, die in diesem Buch
enthalten sind, wurden vom Autor nach bestem Wissen
erarbeitet und von ihm und dem Verlag mit größt-
möglicher Sorgfalt überprüft. Unter Berücksichtigung
des Produkthaftungsrechts müssen wir allerdings darauf
hinweisen, dass inhaltliche Fehler oder Auslassungen
nicht völlig auszuschließen sind. Für etwaige fehlerhafte
Angaben können Autor, Verlag und Verlagsmitarbeiter
keinerlei Verpflichtung und Haftung übernehmen.

Korrekturhinweise sind jederzeit willkommen und werden gerne berücksichtigt.

DANKSAGUNG

Ich möchte SARA SCHWARTZ und PIA SCAVIA dafür
danken, dass sie an mich geglaubt haben und mir die
Möglichkeit gaben, in der Toskana und auf Sizilien zu
unterrichten. Ich danke allen italienischen (und nicht-
italienischen) Chefköchen, mit denen ich in der Vergangenheit zusammengearbeitet habe, für ihre Leidenschaft und Liebe zur italienischen Küche, die sie in mir
so reichlich geweckt haben. Mein Dank gilt auch der
Familie RAVIDÀ in Menfi auf Sizilien, die ihr Haus mit
mir teilte und mich in ihr Herz schloss, sowie STEFANO
und MONICA in der Fattoria Montellucci, die mich
immer wieder in der Toskana willkommen hießen.
Außerdem danke ich all meinen früheren wie heutigen
Kollegen in den Versuchsküchen, die stets für solch
eine fröhliche Arbeitsatmosphäre gesorgt haben, insbesondere ANNIE, NATALIE und LIZZIE.

GUS FILGATE, der höchst talentierte Fotograf, sowie
PENNY MARKHAM, die hervorragende Stylistin dieses
Buches, strahlten geradezu vor Enthusiasmus und
Talent, während sie die Fotos für das Buch machten, und
zusammen sind uns einige wunderschöne Aufnahmen
gelungen. Wir sind befreundet, und ich kann ihnen gar
nicht genug für die harte Arbeit danken, die sie geleistet
haben, und für ihren wunderbaren Humor – selbst als
ich mir gegen Ende den Rücken verletzte und die Vor-
gänge in der Küche vom Sofa aus dirigieren musste! Gus'
wunderbarer Assistent WILL sorgte stets für ausreichend
Kaffee und auch für pfiffige Bemerkungen. Ich danke
meinen wundervollen Assistentinnen, die so hart gearbeitet haben, voll Energie waren und die Tage in der
Studioküche zu solch einem Vergnügen für mich machten
– KATE HABERSHON, BECCA HETHERSTON, CHRISTINE
RODRIGUES und, als Gast, JULZ BERESFORD! Schließlich
gilt mein großer Dank auch VIVIEN JAMES von Pavilion,
die mich bat, dieses Buch zu schreiben, und meiner
Redakteurin ZOË ANTONIOU, die es nicht leicht hatte,
mich bei der Stange zu halten, doch schließlich erfolg-
reich war!

ANMERKUNG

[V] = Vegetarische Rezepte

Inhalt

Zu diesem Buch

Die Küche Italiens ist meine Passion. Je mehr ich darüber lerne, umso deutlicher erkenne ich, was es alles zu lernen gibt. Auf meinen Reisen habe ich allerdings festgestellt, dass so etwas wie die „italienische Küche" gar nicht existiert. Das Land besteht aus vielen verschiedenen Regionen, deren Geographie, Klima und Bewohner so große Unterschiede aufweisen, dass natürlich auch die Kochtraditionen stark variieren.

Typisch für ganz Italien ist die große Leidenschaft seiner Bewohner für das Essen. Die Gespräche bei Tisch drehen sich stets um die Speisen – wie sie zubereitet, wo die Zutaten gekauft werden – und um viele Geschichten, die sich darum ranken. Ich hatte das große Glück, die Zubereitungsmethoden einer Reihe italienischer Köche aus erster Hand zu lernen. So kann ich nun selbst die italienische Küche lehren – vor Ort in der Toskana, in Umbrien und Sizilien. Dank dieser Kochkurse habe ich viele Freunde unter den Italienern gewonnen, die ihre Erfahrungen im Kochen großzügig mit mir teilten. Die wichtigste Lektion lautet, dass die Qualität der Speisen stets von der Qualität und Frische der Zutaten abhängt. Diese müssen mit größter Sorgfalt ausgewählt werden.

Die Zubereitung ist oft sehr einfach, doch in Verbindung mit besten Zutaten entstehen daraus wunderbare Speisen mit unverwechselbarem Aroma. Manche gestehen es vielleicht nur ungern ein, aber im Grunde entwickelte sich die französische „haute cuisine" dank der Kenntnisse italienischer Köche, die von Katharina di Medici im 16. Jahrhundert an den französischen Hof geholt wurden. Inzwischen hat die italienische Küche buchstäblich Weltruhm erlangt. Sie passt hervorragend zu unserem modernen Leben. Mit ihrer Vielseitigkeit erlaubt sie die schnelle Zubereitung schmackhafter Speisen wahrer Festessen. Es geht einfach darum, mit dem Herzen zu kochen.

Für dieses Buch habe ich 21 hervorragende Köche und Kochbuchautoren aus der ganzen Welt gewinnen können: Sie sind gebürtige Italiener, italienischer Abstammung oder haben sich auf die Küche Italiens spezialisiert. In jedem Kapitel demonstriert einer oder eine von ihnen Schritt für Schritt eine besondere Zubereitungsmethode – sozusagen in einer Meisterklasse, die grundlegende Einblicke in die Kochtradition gewährt.

Über die Hälfte dieser Köche lebt in Großbritannien und hat ihre Kenntnisse und ihre Begeisterung für die italienische Küche über die Landesgrenzen hinaus weitergegeben. *Anna del Conte* (ADC) ist eine international bekannte Kochbuchautorin, die aus Mailand stammt, doch nun in Großbritannien lebt, und eine Autorität in Bezug auf die norditalienische Küche. Auch *Claudia Rodens* (CR) Kochbücher sind von internationalem Rang. Sie hat ein wahres Opus über die italienische Küche verfasst und für die Recherche das ganze Land bereist. Aus ihren Reiseerfahrungen entstand später eine Fernsehserie. *Valentina Harris* (VH), die aus Rom stammt, gehört zu Großbritanniens beliebtesten Kochbuchautorinnen und Fernsehstars. Darüber hinaus unterhält sie in Ligurien eine Kochschule.

Auch Chefköche und Restaurantbesitzer aus ganz Großbritannien konnte ich überreden, einige wertvolle Tipps und raffinierte Rezepte beizusteuern. *Alastair Little* (AL) besitzt zwei Restaurants in London, die stark von der italienischen Küche beeinflusst sind, sowie Kochschulen in ganz Italien. Unübertroffen sind seine Garmethoden für Fleisch. *Alvaro Maccione* (AM) nenne ich gern „Signor Toscana", denn in seinem Restaurant La Famiglia in London serviert er traditionelle toskanische Speisen. Sein Kochunterricht ist von seinem überschwänglichen Wesen geprägt. *Claudio Pecorari* (CP) stammt aus Triest, hat jedoch schon überall auf der Welt gekocht. Er war der kreative Geist im Londoner Restaurant Cibo und später in L'Altro, wo er statt Spaghetti mit Vorliebe Gnocchi servierte! Seine Gnocchi sind längst Legende, und auch sein Unterricht ist von großer Sachkenntnis und viel Humor geprägt. Größte Anerkennung für seine Gnocchi verdient auch *Francesco Zanchetta* (FZ), der Chefkoch des Riva in London. Er teilt mit uns sein Wissen über die Küche Venedigs und des Veneto, arbeitete er doch früher in der berühmten Harry's Bar in Venedig. *Giuseppe Sylvestri* (GS) aus Capri ist der italienische Chefkoch von Harrods in London. Seine südliche Herkunft wird in dem ungewöhnlichen Pasta-Rezept von seiner Heimatinsel nur zu deutlich.

Mary Continis (MC) Familie stammt aus den Abruzzen in Süditalien. Ihr gehören das bekannte Feinkostgeschäft und das Restaurant Valvona & Crolla in Edinburgh, wo Mary auch selbst kocht. *Franco Taruschio* (FT) verließ seine Heimat, die Marken, und ging nach Wales, wo er seine Frau Anne kennen lernte. Zusammen eröffneten sie ein Restaurant, in dem italienische Speisen aus besten walisischen Produkten gereicht werden und das längst internationales Renommee genießt. Von Franco stammt das Rezept für *vincisgrassi* – ein erstklassiges Gericht. Aus Großbritannien kommt schließlich auch *Ursula Ferrigno* (UF), die mit großem Enthusiasmus die italienische Küche lehrt und darüber schreibt. Sie berät viele Lebensmittelhersteller – ihr Wissen über Brot und die vegetarische Küche ist unerreicht.

Aus Italien selbst stammen fünf Experten, die recht unterschiedliche regionale Küchen abdecken. Aus dem Norden Italiens hat uns *Fulvia Sesani* (FS), die in Venedig venezianische Kochkurse gibt, einige Renaissance-Rezepte mitgebracht, die sich heute wieder großer Beliebtheit erfreuen. Aus ihrer beliebten Kochschule in Florenz steuert *Judy Witts Francini* (JWF) einige florentinische Köstlichkeiten bei. Hinzu kommt ihr großes Wissen über die Zutaten und die Geschichte der Toskana. Die Römerin *Carla Tomasi* (CT) ist eine unübertroffene Meisterin des Backens, deren Kochkurse und Fertigkeiten immer wieder begeistern. Und aus ihrer Kochschule in Sizilien teilt *Anna Tasca Lanza* (ATL) ihre fundierten Kenntnisse über die einzigartige Küche dieser Insel mit uns. Der weltberühmte Koch und Autor italienischer Kochbücher, *Giuliano Bugialli* (GB), zeigt uns einige beeindruckende Gerichte aus ganz Italien.

Die italienische Küche erfreut sich jedoch nicht nur in Europa großer Beliebtheit, und darum werden hier auch Rezepte begeisterter Köche aus den USA und Australien berücksichtigt. *Francesca Romina* (FR) gehört zur zweiten Generation von New Yorker Sizilianern. In ihrer Little Italy Cookery School wird ihre Vorliebe für die Küche des alten Heimatlands nur zu deutlich. *Viana La Place* (VLP), eine weitere „sizilianische Amerikanerin", präsentiert Gerichte mit Gemüse, insbesondere Salate, während der berühmte Chefkoch *Pino Luongo* (PL) uns einige Lieblingsgerichte aus seiner toskanischen Heimat vorführt.

Aus Australien stammen *Stephanie Alexander* (SA) und *Maggie Beer* (MB). Sie haben einige einfache, aber köstliche Speisen ausgewählt, die in ihrer Kochschule in der Toskana zubereitet werden. Ihre große Begeisterung für die Küche Italiens, besonders der Toskana, spürt man in den lebendigen Einführungen zu den Rezepten.

All diese Köchinnen und Köche wurden aufgrund ihrer hervorragenden Kenntnisse der italienischen Küche und Lebensart ausgewählt. Meine eigenen Rezepte (ohne Namensnennung) sind das Ergebnis vieler Besuche in Trattorien und Restaurants sowie zahlloser Gespräche und gemeinsamer Essen mit Italienern. Auch habe ich jede Menge italienischer Kochbücher gelesen, ganz egal, wie alt sie waren. Ich hoffe, dass dieses Buch viele dazu anregt, häufiger in italienischer „maniera" zu kochen – mit Sorgfalt, „gusto" und mit Liebe.

Maxine Clark

Regionale Spezialitäten und Weine

Abruzzen und Molise

Diese ruhige, ländliche Gegend mit hohen Bergen und schönen Tälern erstreckt sich vom Osten Roms bis zur Adriaküste. Die Berge erheben sich direkt hinter der Küste, und es gibt nur wenige natürliche Häfen. Um Pescara kennt man zahlreiche Fischspezialitäten, etwa *brodetto* (Fischsuppe), *scapece* (eine süß-saure Fischspeise) sowie feurig-scharfe Gerichte mit Kraken und Kalmaren, in den Bergen einfache Forellengerichte sowie Klippfischzubereitungen. In den Bergen hält man Schafe, Ziegen und Rinder, aus deren Milch viele Käsesorten hergestellt werden, etwa *Pecorino romano*, Ricotta oder *scamorza*. Hoch geschätzt wird Lammfleisch. Man schmort es mit Essig, Gemüse, Wein und Knoblauch oder grillt es auf Spießen als *rosticini*. Schweine leben in den Eichenwäldern der Berge – sie liefern Schinken und das Fleisch für Salami. Hühner und Puten sind das klassische Hausgeflügel. In den Wäldern gibt es Wild, Kräuter und Pilze.

Trotz all dieser Produkte ist die Region relativ arm, und Fleisch wird nur selten gegessen – die meisten Gerichte bestehen aus Pasta und Gemüse. Es gibt Kichererbsen, Bohnen und einige der besten Linsensorten Italiens. Wein und Oliven wachsen hier ebenso wie Mandeln, auf der Navelli-Hochebene sogar Safran. Intensive Aromen bestimmen die Speisen – am beliebtesten sind scharfe Chilischoten sowie wilder Thymian und Mohnsamen –, vor allem in Fischsuppen ohne Tomaten.

Aus Hartweizen, einem Produkt der Region, wird gute getrocknete Pasta hergestellt. Frische Pasta mit Eiern bereitet man zu Hause zu. Für die zahlreichen Pastasorten kennt man ebenso viele Saucen. Auch die berühmte, mit Käse, Schinken, Wurst und Ei gefüllte *pizza rustica* stammt von hier. Kleine Kuchen, Pasteten und süße Pfannkuchen sind die Spezialitäten regionaler Feste. Mandeln und Honig werden zu Nugat verarbeitet.

Ein Markt in Orvieto, auf dem Köche beste, frischeste Zutaten bekommen, die in der italienischen Küche unerlässlich sind.

Mit besonderen Qualitätsweinen kann die Region nicht aufwarten, doch der rote Montepulciano d'Abbruzo ist ein beliebter Exportwein. Kräuter und Aromazutaten verwendet man für Verdauungsschnäpse wie Centerbe (100 Kräuter), *forte* und *dolce*, Nocino, Rosolio di Anice und Liquore di Mele Cotogne aus Quitten.

Apulien

Apulien ist die „Ferse" des italienischen Stiefels, Heimat alter Olivenhaine und antiker Überreste griechischer Zivilisation. Brot und trockene Pasta (ohne Ei) aus Hartweizengrieß bilden die Basis einer einfachen Küche. Dank der zunehmenden Produktion von Weizen, Olivenöl und Wein ist die Region nicht mehr so arm wie früher. Alte Traditionen, etwa von Hand hergestellte Pasta, sterben aus, aber viele Frauen bereiten ihre Pasta immer noch selbst. Gekochte Pasta wie die beliebten *orecchiette* werden mit einfachen Zutaten vermischt. Überall wird für die großen Pasta-Fabriken Weizen angebaut und zu Mehl verarbeitet.

Mandel- und Feigenbäume blühen nebeneinander, es gibt Kaktusfeigen und viele andere Früchte. Beste Tomaten werden in der Sonne getrocknet und zu Tomatenmark verarbeitet, Chilis zu Chilipaste. Hier wachsen die typischen Gemüsesorten des Südens: Auberginen, Paprikaschoten, Artischocken, Dicke Bohnen, Fenchel und Spargel. Wildkräuter und wilder Fenchel werden für viele regionale Speisen gesammelt. Fisch und Meeresfrüchte finden sich in einfachen Zubereitungen. Hier im Süden haben Schinken und Salami einen intensiven Geschmack, Käsesorten wie Mozzarella und *scamorza* bereitet man täglich frisch.

Brot ist ein unverzichtbares Nahrungsmittel, *taralli* (pikantes Gebäck) reicht man zu Drinks. Desserts und Süßigkeiten sind in allen Regionen sehr süß, sie enthalten kandierte Früchte, Nüsse und Alkohol.

Apulien ist reich an guten Qualitätsweinen, manche davon dienen im Norden zur Wermutherstellung. Weine aus der Umgebung von Salento haben einen reichen Körper – Copertin und Salice Salen-tino. Andere empfehlenswerte Weine sind San Severo, Castel del Monte, Torre Quarto. Rivera-Roséweine sind trocken und samtig rosa, die schweren Moscato-Dessertweine ein beliebter Aperitif.

Basilikata

Direkt an Apulien schließt sich als „Spann" des Stiefels Basilikata an. Die Region gehört zu den ärmsten Italiens. Sie besteht hauptsächlich aus Bergen mit einem kleinen Küstenstreifen und wenig Flachland, ist sehr trocken, doch unglaublich schön. Die Küche wird von Pasta und Hülsenfrüchten wie Erbsen, Bohnen, Kichererbsen der *cucina povera* bestimmt. Viele Gerichte würzt man mit Chilis. Schweinefleisch ist am verbreitetsten, gepökelt und zu Blutwurst wie *sopressata* verarbeitet, zu Rohwürsten in Olivenöl oder der berühmten *luganega*. Hier wachsen alle Sorten von Gemüse. Zu besonderen Gelegenheiten gibt es Lamm oder Ziege. Fisch und Meeresfrüchte bekommt man an der Küste, mit Peperoni oder kalt mit Minze und Zitrone. Die Käsesorten sind überall im Süden die gleichen.

Es gibt einen sehr guten roten DOC-Wein namens Aglianico del Vulture, die Weißweine sind von mittlerer Qualität. Beliebt ist der Digestif Amaro Lucano.

Emilia-Romagna

Diese Region mit ihrer Hauptstadt Bologna ist das Epizentrum italienischer Gastronomie. Die Speisen sind reichhaltig und vielfältig. Die Emilia-Romagna ist das Land der drei „Ps" – *pasta all'uovo* (Pasta mit Ei, in allen Formen, gefüllt und ungefüllt), *prosciutto di Parma* (Parmaschinken) und Parmigiano Reggiano (Parmesan, den man heute überall bekommt). Tierische Fette, Butter, Sahne und Gänseschmalz verleihen den Speisen zusätzlich Aroma. Das Land ist sehr fruchtbar, es gedeihen Weichweizen für Pasta, Tomaten sowie eine Fülle anderer Gemüse und Früchte. Produkte aus gepökeltem Schweinefleisch sind Salami und Schinken, *coppa* und *pancetta*. Würste wie *mortadella*, *cotechino* und gefüllter Schweinsfuß *(zampone)* gehören ebenfalls zu den Klassikern dieser Region.

In diesem Geschäft in Bologna (Emilia-Romagna) wird frische Pasta angeboten. Neben den vielen verschiedenen Sorten werden auch andere Weizenprodukte verkauft wie etwa zahlreiche Brotsorten.

Verbreitete Fleischgerichte sind *bollito misto* mit *mostarda di Cremona* oder Wild. Aus Modena stammen der Aceto Balsamico und *amaretti*. Bei *bigne* handelt es sich um frittierte süße Küchlein. *Nocino* ist ein dickflüssiger Walnusslikör.

Die Romagna unterscheidet sich von der Emilia insoweit, als bäuerliche Kochtraditionen vorherrschen – mit gegrilltem Fleisch, Fisch und Geflügel, gewürzt mit viel Knoblauch und scharfen Chilis, sowie Fladenbrot *(piadina)* und einfacher Pasta ohne Ei. Fischsuppen sind sehr verbreitet.

Die Weine stammen von roten Barbera- oder weißen Trebbiano-Trauben. Sehr berühmt ist der rote Lambrusco.

Friaul *(Julisch Venetien)*

Die drei Teilregionen umschließen die wunderschöne Hauptstadt Udine. Großen Einfluss übten einst das frühere Jugoslawien sowie Ungarn und Österreich aus. Das Land ist bergig, auf dem wenigen kargen Acker- und Weideland werden kaum landwirtschaftliche Erträge für den Export erzielt.

In den Bergen gibt es Wild, in den Gebirgsbächen Forellen. Der mild gepökelte, luftgetrocknete Schinken von San Daniele wird auf den Hügeln produziert, ebenso viele andere Schweinefleischprodukte wie etwa Kochsalami *(luganega)*. Polenta

ist eine beliebte Spezialität, die man mit einer Auswahl an Salami und gegrilltem Wild isst; eine Besonderheit stellt eine feine Polenta aus weißem Mais dar. Auch die anderen norditalienischen Spezialitäten sind hier bekannt: Kartoffel*gnocchi*, Suppen mit Hülsenfrüchten, Fleisch- und Wildeintöpfe, Risotto, Kohl- und Sauerkrautgerichte sowie Gulasch mit Schwein und Paprika oder mit Früchten zubereitetes Fleisch. Gänseleber und Spargel haben hier ebenfalls Saison. Dank der Nähe zur Adria gibt es eine große Auswahl an Fisch und Schalentieren. Aus dem Friaul stammt auch der *Liptauer*, eine Mischung aus Käse, Gewürzen und anderen Aromazutaten dieser Gegend. Für Obstkuchen verwendet man gern Kirschen, Pflaumen, Beeren, Äpfel und Rosinen, verfeinert mit Gewürzen und Honig, oft mit Frischkäse gefüllt.

Weine aus Friaul werden nur in geringen Mengen exportiert. Am bekanntesten sind die Weißweine Tocai Friulano und Tocai del Collio, die jung getrunken werden. Rotweine werden aus Cabernet-, Cabernet Franc-, Pinot Noir- und Merlot-Trauben hergestellt. Bei Obstbränden aus Birnen, Pflaumen, Pfirsichen sowie bei Grappa ist die Auswahl groß.

Kalabrien

Kalabrien, die „Spitze" des Stiefels, ist die ärmste Region Italiens. Die Küche ähnelt der Siziliens. Auch hier waren Griechen, Römer, Araber, Venezianer, spanische und normannische Kreuzritter. Wein- und Olivenanbau, die noch auf griechischen Einfluss zurückgehen, liefern die Haupterträge. Zitrusfrüchte gedeihen ebenso wie Kastanien, Mandeln, Datteln und sogar Bananen. Pasta ist von gewohnter Bedeutung, ebenso herrliche Gemüse, scharfe Chilis, Olivenöl und Wildkräuter. Mit Honig und den berühmten Kalabreser Feigen bereitet man Desserts zu, frische Pfirsiche, Melonen und Nektarinen gibt es im Überfluss. Im Landesinnern isst man Lamm, Ziege und Schwein (in Salami und Würsten), an der Küste frischen Fisch (Sardinen, Sardellen und Schwertfisch). Thunfisch wird hier viel gefangen, der Rogen zu der hoch geschätzten *botarga* gepresst. Beliebte Käsesorten sind *caciocavallo* und *provolone*.

Ein Fischstand mit dem frischen Fang des Tages. Der Schauplatz ist Venedig – eine beeindruckende, geschichtsträchtige Kulisse für den ganz normalen Alltag der Bewohner.

Hier im toskanischen Montal-cino wird frischer Pecorino romano hergestellt, ein aromatischer Halbhart- oder Hartkäse aus Schafmilch.

Weiße, rote und rosé Cirò-Weine sind von guter Qualität, etwa weißer und roter Melissa. Der süße, beinah aprikosenfarbene Greco di Bianco (oder Greco di Gerace) ist hervorragend.

Kampanien

Mit ihrem Zentrum Neapel liegt diese Region an der Grenze des ärmeren Südens. Die Küche ist einfach und stark beeinflusst von den alten Kulturen, die diesen Teil der Welt einst beherrschten. Allgegenwärtig ist das Öl. Getrocknete Pasta – Spaghetti, *maccheroni*, *vermicelli*, *orecchiette* und viele andere Sorten – isst man, *al dente* gekocht, zweimal am Tag. Kampanien ist die Heimat der Pizza, die man in allen Größen und Formen bekommt. Die Variante aus Neapel ist knusprig und dünn.

Verschiedenste Gemüse wachsen im Überfluss und werden gefüllt, gedünstet, gebraten, gegrillt oder mit Olivenöl beträufelt. Fleisch isst man nur wenig, für Festtage züchtet man Lamm, Schweinefleisch wird zu Salami verarbeitet. Fisch, meist Sardellen und Sardinen, gibt es nur an der Küste. Auf der Straße angebotene gefüllte Teigwaren oder Pasteten werden in Olivenöl frittiert.

Käse stellt man aus Schaf- oder Ziegenmilch her oder, im Fall von *mozzarella di buffola*, aus Büffelmilch. Mozzarella wird mitunter zu langen Zöpfen geformt, die *treccie* heißen. Man isst sie in Scheiben mit Olivenöl, paniert und frittiert oder in kleinen frittierten *pizzette*. *Caciocavallo* ist ein kräftigerer Käse, der in allen drei Reifegraden, auch gebraten oder gegrillt, gegessen wird. Frische und gesalzene Ricotta, die aus der Molke bereitet wird, welche bei der Pecorino-Herstellung übrig bleibt, verwendet man für süße und pikante Gerichte. All diese Käse werden auch geräuchert.

Beliebte Desserts sind süße Pasteten, gefüllt mit gesüßter Ricotta, Mandeln, kandierten Früchten, Rosinen sowie Pinienkernen und mit Orangenblütenwasser aromatisiert. Eiskalt servierte Liköre mit Zitronenaroma, etwa Limoncello, sind eine weitere Spezialität.

Latium

Latium bedeutet vor allem Rom und die umliegenden Hügel. Auch hier ist die Küche eher einfach, man verwendet Olivenöl, Wein, Schweineschmalz, Knoblauch und Rosmarin. Von großer Bedeutung ist Pasta; hier ist sozusagen der Treffpunkt der frischen Pasta aus dem Norden und der getrockneten aus dem Süden. Am beliebtesten sind Spaghetti und *linguine*. Auch *gnocchi* aus Grieß und Käse werden hier serviert sowie Lamm, Schwein und Hülsenfrüchte. Sehr junges Lamm wird mit Wein und Wacholderbeeren von den Hügeln geschmort oder am Spieß gebraten. Schafkäse mit Schinken oder Salami wird als *antipasto* serviert. Fisch galt stets als Speise der Reichen und fand niemals richtig Eingang in die Küche Roms. Sehr beliebt sind Artischocken und Dicke Bohnen, die man frisch in Wein und Kräutern dünstet.

Sambuca, ein Anislikör, ist ein klassischer Digestif. Zu römischen Speisen passen der leichte weiße Frascati, Castelli Romani und der Colli Albani.

Ligurien

Wer an Ligurien denkt, denkt meist an Genua – eine kleine Region mit großem Hafen, wunderschöner Küste und landeinwärts hohen Bergen. Ligurien gehörte kurze Zeit zu Frankreich, und so entdeckt man viele ähnliche Gerichte in der benachbarten Provence – insbesondere *pesto* (provenzalisch *pistou*). Ligurien ist das Land des Olivenöls, der Kräuter, Fische und Gemüse. Ein Großteil des

Handels wurde über das Meer abgewickelt, vor allem in der Renaissance, als viele neue Zutaten hierher gelangten – Pecorino aus Sardinien, eingesalzene Sardellen aus Spanien oder Sizilien sowie Rosinen, Kapern und Pinienkerne. Pasta ist auch hier sehr beliebt, besonders *linguine* und *trenette*.

Die Weine sind leicht und frisch, am bekanntesten ist weißer Cinque Terre.

Lombardei

Die mächtigen Renaissancefamilien aus *Lombardia* hatten großen Einfluss auf ganz Europa. Ihr Land war fruchtbar; sie förderten die Kulturen von Weizen (für Brot und Pasta), Mais (für Polenta) und Reis (für Risotto) sowie die Haltung von Rindern, Schweinen und Schafen. Neben immensem Reichtum herrschte größte Armut, und beides spiegelte sich in unterschiedlichen Kochtraditionen wider: der bäuerlichen Küche der Armen und der eleganten Küche der reichen Familien.

Ebenso vielfältig wie die Landschaft sind auch die Speisen, die alle mit viel Butter und Sahne zubereitet werden. Als Produkte der Viehwirtschaft stammen einige der bekanntesten italienischen Käsesorten aus der Lombardei, etwa Grana padano (würziger Hartkäse zum Reiben), Taleggio, Gorgonzola und Mascarpone. Traditionelle Fleischgerichte sind Schmortöpfe; Salami und Pökelfleisch sind beliebte *antipasti*.

Die Poebene wird von Reisfeldern beherrscht. Bei dem angebauten Reis handelt es sich um Rundkornsorten, u. a. *Arborio* und *Carnaroli* für Risotto, der hier etwas dicker als etwa in Venedig bereitet wird. Polenta (aus Maisgrieß) war ein Arme-Leute-Essen, das jene stärkte, die im kalten Wasser der Reisfelder arbeiteten.

Und auch der allgegenwärtige, stets köstliche *panettone* stammt von hier, aus Mailand.

Die Marken

An der Adriaküste gelegen, erstreckt sich diese ländliche Region vom Meer landeinwärts bis zu den Bergen. Die Marken gehören zu Italiens größten Produzenten von Trüffeln und Wildpilzen. Schweine hält man nicht nur zum Aufspüren jener Schätze,

sondern auch zur Herstellung von Salami und Schinken. Zu den Käsespezialitäten zählen *Pecorino* und *caciotta* (aus Schaf- und Kuhmilch). Polenta wird mit Fleischsauce angerichtet. Pasta ist Bestandteil gehaltvoller Speisen wie *vincisgrassi*. Gemüsesorten wie Tomaten, Kardonen, Artischocken, Erbsen und Dicke Bohnen wachsen neben Fenchel und großen grünen Oliven. In den Wäldern findet man zahlreiche Beeren. Als Küstenregion warten die Marken auch mit beliebten Fischsuppen *(brodetto)* auf. Im Norden kennt man ein Fladenbrot namens *piadina*.

Verdicchio, einer der beliebtesten italienischen Weine, stammt von hier. Rosso Conero und Rosso Piceno sind zwei gute Rotweine der Region. Anisetta ist ein Anis-Digestif.

Piemont und Aostatal

Piemonte (übersetzt „Fuß des Berges") gehört zu den bekanntesten gastronomischen Zentren Italiens. Diese nördliche Region teilt sich viele kulinarische Traditionen mit Frankreich – etwa die Vorliebe für Tartes, Pasteten und Desserts. Hohe Berge, sanfte Hügel und sattes grünes Weideland bestimmen die Landschaft, in der ausgedehnte Rinder- und Schweinezucht betrieben wird. Man gewinnt viel Milch und produziert Käsesorten wie Fontina aus dem Aostatal im Norden und Butter.

Kürbisse beherrschen zur Herbstzeit die italienischen Obst- und Gemüsemärkte. Die attraktiven Formen und die leuchtenden Farben wecken die Aufmerksamkeit. Die verschiedenen Sorten werden je nach ihrer Konsistenz und dem Geschmack recht unterschiedlich verwendet.

Die rustikale, herzhafte Küche wird von *antipasti* und Fleischgerichten bestimmt. Zu den Klassikern zählen *fritto misto, bollito misto* und Schmortöpfe wie in Barolo geschmortes Rindfleisch. Polenta ist eine bevorzugte Beilage. Im Oktober werden auf den Märkten duftende weiße Trüffeln aus Alba angeboten, mit denen man Wildgerichte, Pasta und Risotto verfeinert. Desserts wie Monte Bianco (benannt nach dem Mont Blanc) aus Kastanien und Sahne, *Gianduiotto* und Schokoladen- sowie Nusseis sind gehaltvolle Verführungen.

Einige der besten und ältesten Weine Italiens stammen aus dem Piemont: Barolo, Barbaresco, Barbera, Dolcetto und auch süße Weine wie Moscato d'Asti und der perlende Asti Spumante.

Sardinien

Sardegna ist ein Land der Schäfer und Fischer – äußerst unabhängiger Menschen. Sie produzieren Hartweizen und Früchte. Ihre Beziehung zum Meer ist jedoch noch jung, denn lange Zeit lebten sie im bergigen Landesinnern, um der Malaria an der Küste zu entgehen. Fleisch ist sehr beliebt: Lamm, Schwein, Wildschwein, Hase und Wildgeflügel, zubereitet über offenem Holzfeuer, oft mit Wacholder oder Myrte aromatisiert. Inzwischen isst man auch viel Fisch, und Hummer ist eine echte Spezialität. Pilze gibt es reichlich in den Bergen, wilder Fenchel und Spargel wachsen überall. Eine weitere Spezialität ist Schafkäse – *Pecorino sardo*, Ricotta und

Ein Marktstand mit frischem Gemüse wartet auf der Piazza von Bozen in Trentino auf Kunden.

caciotta. Pane carasau (carta di musica) heißt das hauchdünne Fladenbrot, das auf der Insel gegessen wird. Aus Mandeln und Honig entstehen süße Gebäcke. *Seada* sind eine Ravioli-Art, mit gesüßtem Käse gefüllt und frittiert.

Roter Cannonau ist ein körperreicher Wein zu gegrilltem Fleisch, der erfrischende weiße Vermentino passt ideal zu Meeresfrüchten. Es gibt auch einen roten Dessertwein namens Cannonau und Likörweine wie Moscato und Malvasia. Mirto, ein Likör, wird mit Myrteblättern aromatisiert.

Sizilien

Zahlreiche fremde Völker hinterließen in den regionalen Küchen Siziliens ihre Spuren. Ein bedeutender arabischer Einfluss zeigt sich von Palermo bis nach Trapani und Marsala, wo die Araber zuerst an Land gingen. Fisch wird mit Rosinen und Pinienkernen zubereitet, Desserts aromatisiert man mit Honig, Mandeln und Orangenblüten. Zu geschmorten Fischgerichten wird Couscous serviert, (trockene) Pasta vermischt man mit Sardinen, Brokkoli, Chilis, Safran und Olivenöl. Püree aus Dicken Bohnen wird zu Brot mit Sesamkruste gereicht. Tomaten und Auberginen gehören fast überall dazu, gekrönt mit frischer oder gesalzener Ricotta. Oliven und Olivenöl gibt es in ebensolcher Fülle wie Zitrusfrüchte. Wichtig ist Salz – zum Kochen und zum Konservieren von Sardellen, Kapern und sonnengetrockneten Tomaten. Mag die heutige Küche auch eher einfach sein, so beschäftigten die Reichen einst in Frankreich ausgebildete Köche, die feinste Speisen kreierten *(cucina nobile)*.

In Sizilien gereiftes Obst und Gemüse besitzen dank der heißen Sonne und des vulkanischen Bodens stets ein intensives Aroma. In den Bergen gibt es Wild, und die Märkte beeindrucken mit einem reichen Fischangebot. Die Käsesorten sind die gleichen wie im gesamten Süden. Bei den Desserts handelt es sich um Granitas, Sorbets, *cassata* und die berühmten Marzipanspezialitäten.

Sizilianische Weine sind leicht und frisch und sollen jung getrunken werden. Allerdings haben neue Herstellungsmethoden inzwischen auch Sizilien erreicht, und neue Traubensorten werden neben heimischen wie Nero d'Avola gepflanzt. Siziliens bekanntester Wein ist jedoch ein Dessertwein, der Marsala. Sein Charakter kann von trocken, halbtrocken bis süß reichen, von leicht bis schwer. Florio und Marco de Bartoli sind hervorragende Marsala-Erzeuger. Auf der Insel Pantelleria werden Moscato-Weine aus der getrockneten Zibibbo-Traube hergestellt, ein absoluter Kontrast zum ebenfalls hier produzierten Digestif Averna.

Toskana

Der Name *Toscana* leitet sich ab von den Regionen der alten Vorfahren, den Etruskern. Die Toskana besitzt eine ruhmvolle Vergangenheit, als das Gebiet noch von den reichen Stadtstaaten beherrscht wurde. Florenz gehörte zu den wohlhabendsten und einflussreichsten Stadtstaaten im Land, was den Handel und vor allem die Kunst betraf. Im Gegensatz zur Lombardei blieb die toskanische Küche jedoch einfach und rustikal. Die Toskaner lieben natürliche Aromen. Über offenem Holzfeuer gegrilltes Fleisch wird bevorzugt. Wein, Salbei, Rosmarin und Basilikum verfeinern den Geschmack.

Die Landschaft wird von Wald und Küste geprägt. Wild (Wildschwein, Hase, Fasan) sowie Wildpilze werden sehr geschätzt. Aus Wild bereitet man Schmortöpfe und gehaltvolle Saucen für Pasta (etwa *pappardelle alla lepre*). Beliebt sind auch Kutteln. Oliven (für Öl) und Weintrauben bescheren reiche Ernten. Toskanisches Olivenöl gehört zum besten in ganz Italien, doch die Produktion ist gering. *Pecorino* aus Schafmilch wird vom jungen Tafelkäse bis zum gereiften Hartkäse zum Reiben hergestellt und ergibt mit rohen Dicken Bohnen einen beliebten *antipasto*. Kastanien werden zu Mehl vermahlen und für die Zubereitung eines dicken Breis oder eines flachen Kuchens namens *castagnaccio* verwendet. In dieser herzhaften Küche spielen Brot und Salz eine wichtige Rolle. Die Toskaner haben den Spitznamen *mangiafagioli*, die „Bohnenesser", denn sie lieben frische wie getrocknete Bohnen, ob in Suppen (*ribollita, zuppa di fagioli*), Salaten oder Pastagerichten. Zum Dessert reicht man Früchte oder *cantuccini* (Gebäck), die in Vin Santo getunkt werden.

Herrliche Trauben am Weinstock. So prall und von verführerisch leuchtender Farbe lassen sie die Vorfreude auf beste Weine reifen.

Zu den wenigen regionalen Süßspeisen zählen *ricciarelli* (weiches Mandelgebäck) und der *panforte*, die beide aus Siena stammen.

Die Toskana produziert hervorragende Weine wie Chianti, Chianti Classico, Brunello di Montalcino, Vino Nobile di Montepulciano, Vernaccia di San Gimignano und den süßen Vin Santo.

Trentino und Südtirol

Im Grunde handelt es sich um zwei Regionen, der italienischsprachige Trentino und das deutschsprachige Südtirol (Alto Adige). Das benachbarte österreichische Tirol beeinflusst die Küchen beider Regionen, die von alpiner Bergwelt geprägt sind. An vielen Berghängen wächst Wein. In den Wäldern werden Schweine gezüchtet und Wildpilze gesammelt. Auf riesigen Feldern gedeihen Brotgetreide einschließlich Weizen, Buchweizen und Roggen. Knödel (*canederli*) in unterschiedlichen Formen und Größen sind beliebte Suppeneinlagen oder Beilagen zu Schmortöpfen, *gnocchi* (besonders *strangolapreti*) gehören zu den unverzichtbaren Spezialitäten. Polenta ist sehr beliebt. Sahne und Käse sind wichtige Zutaten für Kuchen und Desserts. Zu den Käsesorten der Region gehören *Puzzone de Moena*, *Grana di Trentino* und der sehr seltene, traditionsreiche *Vezzana*. Gepökeltes und geräuchertes Schweinefleisch ist ein Produkt der Berge, in den Flüssen gibt es viele Forellen.

Strudel, Krapfen und süße Knödel, gefüllt mit Konfitüre und Früchten, zeugen ebenfalls vom österreichischen Einfluss.

Der Trentino ist nur mit einem Prozent an der italienischen Weinproduktion beteiligt, aber mit zehn Prozent an der von Grappa. Die Weine haben einen deutschen Charakter und werden aus Trauben wie Traminer, Riesling, Müller-Thurgau oder Pinot Grigio hergestellt. Es gibt einige *moscatos* und *spumantes* von Giulio Ferrari. Gute Rotweine besitzen Namen wie Fojenaghe, Marzemino und Teroldego Rotaliano.

Umbrien

Die schöne Binnenregion grenzt an die Toskana und hat eine ähnlich einfache Küche. Gastronomisches Zentrum ist Norcia, berühmt für schwarze und weiße Trüffeln, die vielen Speisen eine edle Note verleihen. Produkte aus Schweinefleisch – Würste, Salami und Schinken – gibt es hier reichlich. Wie in der Toskana bekommt man auf den Straßenmärkten *porchetta* – ein Spanferkel, das im Ofen über Nacht gebraten und in Scheiben mit knuspriger Kruste und Brot verkauft wird. Schafmilch dient zur Käseherstellung, Lamm und Süßwasserfische werden zum Grillen verkauft. Die Linsen aus Castelluccio sollen die besten in ganz Italien sein, und auch die berühmte Buitoni-Pasta

Ein weiterer Stand für Obst und Gemüse, der mit regionalen Produkten lockt – von Spargel bis zu Trauben und Pfirsichen.

wird hier produziert. Olivenöl aus Umbrien ist hell und zart duftend, es wird vielfältig zum Kochen verwendet. Nach dem Essen reicht man Früchte oder *biscotti*.

Orvieto und Torgiano sind feine trockene Weißweine, der rote Torgiano Riserva ist exzellent.

Venetien

Venedig war eine der wichtigsten Handelsstädte der Renaissance, und so flossen in die regionale Küche viele fremde Elemente ein – mitgebracht von Reisenden, doch besonders von den Arabern. Der Handel mit dem Osten weckte die Vorliebe für süßsaure Geschmackskombinationen, erzielt durch Essig, Korinthen und Rosinen, Pinienkerne und auch Kapern. Eingesalzener und getrockneter Kabeljau (Klippfisch) ist heute noch beliebt.

Die meisten Speisen sind einfach, bestehen aus Fischen und Meeresfrüchten des nahen Meeres und der Lagune, doch auch Schweinefleischprodukte (*cotechino* und *luganega*), Salami und Pökelfleisch haben ihre Bedeutung. Kalbsleber wird in Venedig viel häufiger gegessen als in der übrigen Region. Risotto ist sehr beliebt, hat aber hier eine wesentlich flüssigere Konsistenz und wird mit unterschiedlichsten Zutaten bereitet, von Wild bis zu Tintenfisch samt seiner schwarzen Tinte. Die Polenta der Region ist sehr weich, und viele Gerichte und Suppen aus Bohnen sind bekannt. Im Frühjahr gibt es weißen Spargel, der gekocht und mit zerlassener Butter und hart gekochten Eiern serviert wird. Gemüse gibt es in großer Fülle, am beliebtesten ist der *radicchio di Treviso* mit seinen langen, bitter schmeckenden rotvioletten Blättern. Kleines Wildgeflügel sowie alle Arten von Geflügel und Wild werden mit Begeisterung verzehrt. Die Venezianer rühmen außerdem ihr Salz, das man in den Salzsümpfen gewinnt.

Den beliebten *pandoro* (dem Panettone ähnlich) bäckt man zu Weihnachten, auch Tiramisù soll hier seinen Ursprung haben. *Biscotti* und Eiscreme sind ebenfalls vertreten.

Bekannte Weine sind Bardolino, Valpolicella, Amarone, Pinot Grigio und einige der besten Proseccos. Der Grappa verdient ebenfalls Beachtung.

Die italienische Speisekammer

Blütenwasser *(estratto dei fiori)*

Orangenblüten-, Rosen- und Jasminblütenwasser gelangten durch die Araber nach Sizilien und dienen als Aroma für Süßigkeiten, Kuchen, Salate, Desserts. Sehr gut harmonieren sie mit Mandeln.

Bottarga *(uova di tonno)*

Diese Zutat schmeckt bei weitem nicht jedem. Der eingesalzene, gepresste und getrocknete Rogen von Thunfisch oder Meeräsche hat einen intensiven Fischgeschmack und wird (gerieben) sparsam unter Pasta gemischt oder frisch (in dünnen Scheiben) mit Zitronensaft als Vorspeise serviert. Man verwendet Bottarga in Süditalien, auf Sizilien und Sardinien. Bottarga wird nach Gewicht verkauft – als Riegel im Stück oder bereits aufgeschnitten und vakuumverpackt. Sie ist auch in kleinen Gläsern zu bekommen, getrocknet und fein gerieben – für Pasta, vermischt mit Chili, Knoblauch und Petersilie. Bottarga lässt sich gut einfrieren.

Chilischoten *(peperoncini)*

In Italien verwendet man sowohl getrocknete als auch frische Chilischoten in großer Menge, besonders im Süden und in der Toskana. Chiliflocken dienen als Ersatz für frische Chilis. Die Schärfe der Schoten hängt von der Sorte und der Jahreszeit ab. Für eine geringere Schärfe entfernt man die Samen.

Essig *(aceto)*

In den meisten italienischen Küchen wird Rotweinessig verwendet, der vielen Gerichten ein süßsaures Aroma *(agrodolce)* verleiht. *Aceto balsamico* (Balsamessig) ist ein aromatisch süßer Essig aus Modena. Er wird aus dem gekochten, stark zuckerhaltigen Most *(mosto)* von Trebbiano-Trauben hergestellt und reift mindestens 10 Jahre in Holzfässern – einige der besten Sorten sogar bis zu 60 Jahre. Im Preis spiegelt sich die Qualität wider; denn

je älter der Essig, umso schwerer und süßer sein Aroma, und die Lagerung kostet Geld. Besonders gut schmeckt Balsamico über Erdbeeren, und er verfeinert Saucen und Dressings. Einen Ersatz gibt es im Grunde nicht. Billigere Varianten bestehen aus Essig und Zuckercouleur, dürfen jedoch nicht das Attribut *tradizionale* verwenden.

Frische Sardellen auf einem Fischmarkt von Elba Portoferráio in der Toskana.

Getrocknete und kandierte Früchte *(uva passa e frutta candita)*

Uva passa sind Rosinen. Auf Sizilien gibt es die unglaublich großen *Zibbibo*-Rosinen von Pantelleria und ebenso herrliche goldgelbe Sultaninen. Desserts wie pikante Gerichte werden mit den korinthenartigen *uvetta* verfeinert. Für Desserts und zum Backen werden große Mengen kandierter Früchte *(frutta candita)* und Zitrusschalen verwendet, die heimkehrende Kreuzritter nach Italien und erobernde Araber nach Sizilien brachten.

Gewürze (spezie)

Die Römer würzten ihre Brote mit Fenchel und Mohnsamen. Doch erst in der Renaissance, als Venedig das Zentrum des Gewürzhandels mit dem Osten war, fanden Gewürze breitere Verwendung.

Zimt (canella), Muskatnuss (noce moscato), Vanille (vaniglia), Anis (anice), schwarzer und weißer Pfeffer (pepe nero und bianco), Gewürznelken (chiodi di garofano) und Ingwer (zenzero) bereicherten die Aromapalette der Speisen und dienten zum Konservieren.

Wacholder (ginepro) schätzt man in bergigen Gegenden und in Rom als Würzmittel für Fleisch und Wild.

Fenchelsamen (semi di finocchio) und Safran (zafferano) wachsen in Sizilien wild und wurden unverzichtbare Bestandteile der Küche.

Hülsenfrüchte (legumi)

Ob Borlotti-, Augen-, Cannellini- oder Toscanelli-Bohnen, alle gehören zu den Grundnahrungsmitteln in Italien und werden für herzhafte Suppen, Eintöpfe und einfache Salate verwendet. In den regionalen Küchen begegnet man vielen frischen und getrockneten Sorten.

Frische Dicke Bohnen (fave) isst man im späten Frühjahr mit Pecorino oder prosciutto crudo. Aus getrockneten Dicken Bohnen bereitet man im Süden in den Wintermonaten Suppen und Pürees.

Frische Borlotti-Bohnen sind rot gemasert, verlieren beim Kochen jedoch ihre Farbe. Alle frischen Bohnenkerne bekommen beim Garen eine cremige Konsistenz und stecken noch dazu voll Protein.

Getrocknete Kichererbsen (ceci) gehören zu den ältesten Lebensmitteln. Man bereitet daraus dicke Suppen, Salate und Püree, muss sie vor der Verwendung jedoch gut einweichen.

Linsen (lenticchie) – die feinsten und kleinsten kommen aus Castelluccio in Umbrien – sollen, am Silvesterabend verzehrt, Glück bringen. Man isst sie zu Koch- und Bratwürsten und zu zampone, dem gefüllten Schweinsfuß. Nur sehr alte Linsen müssen über Nacht eingeweicht werden.

Kapern (capperi)

Kapern sind die Blütenknospen einer Pflanze aus dem Mittelmeerraum, die auch auf kärgstem Boden gedeiht. Die Knospen werden von Hand gepflückt, getrocknet und in grobem Salz, Salzlake, Öl oder Essig eingelegt. Vor der Verwendung muss man sie gut abspülen oder wässern. Bei Kapernfrüchten handelt es sich um die ausgereiften Samenkapseln. Sie werden auf die gleiche Weise eingelegt und dienen als Garnitur für Wurst und Käse. Die kleinsten Kapern sind die besten, sie stammen von den Inseln Pantelleria und Salina vor Sizilien.

Käse (formaggio)

Caciocavallo ist ein sizilianischer Käse aus Kuhmilch. Der halbfeste Brühkäse wird meist in Quaderform hergestellt. Ein guter Ersatz ist Provolone.

Caciotta aus Kampanien und Latium ist ein halbfester Schnittkäse aus Kuh-, Schaf- und/oder Ziegenmilch. Der kleine, runde Käse reift meist nur kurze Zeit und erinnert an Pecorino.

Canestrato ist ein sizilianischer Hartkäse aus Kuh- und Schafmilch. Der Käsebruch wird zum Ablaufen in runde Schilfkörbe (canestrati) gefüllt. Canestrato hat eine harte Rinde mit der Struktur der Schilfkörbe. Er schmeckt pikant nussartig.

Große Stücke Parmesan hoch aufgeschichtet auf einem Marktstand. Zum Verkauf wird der Käse in kleinere Stücke geschnitten und gewogen. Im Hintergrund hängt Salami aus der Region.

Fontina ist ein Rohmilchkäse aus dem Aostatal. Er wird in großen Laiben hergestellt und reift mindestens drei Monate in Höhlen und Grotten. Der halbharte Schnittkäse besitzt einen mild buttrigen Geschmack und schmilzt wunderbar.

Gorgonzola ist ein Grün- oder Blauschimmelkäse aus der Lombardei, dessen Geschmack von mild *(dolce)* bis würzig *(piccante)* reicht.

Mascarpone ist ein sahniger Doppelrahm-Frischkäse. Er hat eine streichfähige Konsistenz und wird meist für Desserts verwendet.

Mozzarella wird traditionell aus Büffelmilch bereitet *(mozzarella di bufala)*, heute jedoch immer häufiger aus Kuhmilch. Frische *Mozzarella* ist schneeweiß und von elastischer Konsistenz. Meist wird sie in leichter Salzlake verkauft. Kleine Mozzarella-Bällchen heißen *bocconcini*.

Parmigiano (Parmesan) ist ein harter *Grana*-Käse, hellgelb, salzig und von körniger Struktur.

Parmigiano reggiano ist der beste Reibkäse Norditaliens, doch *Grana padano* ist billiger und zum Kochen ebenso gut geeignet. Sehr beliebt ist dünn gehobelter Parmesan über Salat; gewöhnlich wird er fein gerieben. In der norditalienischen Küche verwendet man ihn reichlich, besonders in Risotto, niemals jedoch mit Meeresfrüchten.

Pecorino wird aus Schafmilch *(latte di pecora)* bereitet und stammt aus Mittel- und Süditalien. Von dem halbharten bis harten Käse gibt es viele regionale Varianten. *Pecorino toscano* (auch als *cacio* bekannt) wird sehr frisch verzehrt; mit einer Reifungszeit von nur zwei Wochen ist er im Innern noch cremig weich und schmeckt milde. Je länger er reift, desto kräftiger wird der Geschmack.

Pecorino sardo und *Pecorino romano* stammen beide aus Sardinien (selten aus Latium). Sie besitzen einen kräftigen Geschmack und werden nach fünf Monaten Reifungszeit als Tafelkäse, nach acht Monaten als Reibkäse verkauft. Die Konsistenz wird zunehmend fester und trockener, der Geschmack würziger. *Pecorino romano* wird vor der Reifung zweimal erhitzt. Einige Varianten werden geräuchert.

Pecorino siciliano (canestrato) wird aus roher Schafmilch hergestellt. Der junge Frischkäse *(tuma)*

hat eine elastische Konsistenz, nach zweiwöchiger Reifung ist er *primo sale* (von niedrigem Salzgehalt) und wachsartig, nach vier Monaten lässt er sich reiben. Manchmal werden schwarze Pfefferkörner beigemischt *(Pecorino siciliano pepato)*. Seine strohgelbe Rinde weist die Spuren der Schilfkörbe auf, in die der Käsebruch gefüllt wurde.

Provolone ist ein wachsartiger Brühkäse, der ursprünglich in Kampanien und Apulien, heute auch in der Lombardei, aus Kuh- und Büffelmilch bereitet wurde. Typische Formen sind rund oder oval sowie birnen- und zylinderartig. Reifer *Provolone* ist *piccante*, junger *dolce*. Mitunter wird er geräuchert.

Ricotta ist ein Frischkäse, der aus der übrig gebliebenen Molke der täglichen Käseherstellung hergestellt wird. Diese wird nochmals erhitzt, der enthaltene Bruch abgeschöpft und zum Ablaufen für drei bis vier Stunden in Formen oder Schilfkörbe gefüllt. Danach ist er zum Verzehr geeignet. *Ricotta* sollte strahlend weiß und süßlich sein. Salzigere Varianten passen gut in Salate. *Ricotta* wird heute aus Kuh- oder Schafmilch *(ricotta di pecora)* hergestellt. Letztere verwendet man in großen Mengen auf Sizilien und im Süden Italiens. Auf Sizilien wird sie auch geräuchert.

Frischer Knoblauch, aglio, *mit seiner zartrosa Schale hängt zum Verkauf bereit.*

Frische Schinken aus San Daniele, die bald von den Händlern abgeholt werden.

Knoblauch (aglio)

Je größer die Zehen (und die Knollen), umso süßer der Geschmack, vor allem bei rötlich-grünen frischen Exemplaren. Kleine, feste Knollen schmecken oft bitter, frische, weiche dagegen recht zart. Beim Braten sollte Knoblauch nicht zu stark bräunen, da er schnell bitter wird.

Kräuter (erbe)

Basilikum (basilico) wird hauptsächlich frisch verwendet und niemals gehackt, sondern nur zerpflückt, um die ätherischen Öle zu bewahren. Es ist die wichtigste Zutat für pesto alla genovese.

Estragon (dragoncello) wird für Huhn, Fisch sowie für einige Tomatengerichte verwendet.

Lorbeerblätter (alloro) dienen zum Aromatisieren von Suppen, Saucen und Eintöpfen (Sizilien).

Minze (menta) wird in großen Mengen auf Sizilien und im Süden Italiens verwendet. Man würzt damit süße und pikante Speisen.

Nepitella, wild wachsende Katzenminze, wird für Pilzgerichte verwendet (Sizilien, Toskana).

Oregano (oregano) hat getrocknet ein besseres Aroma als frisch. Im Sommer sieht man ihn zusammengebunden auf den Märkten hängen, am Ende der Saison zerkrümelt in Säcken. Zwischen den Fingern zerrieben, entwickelt er sein volles Aroma.

Petersilie (prezzemolo) ist ein unverzichtbares Küchenkraut. Die glattblättrige ist aromatischer.

Rosmarin (rosmarino) ist häufige Würzzutat für Fleisch- und Wildgerichte – besonders in Nord- und Mittelitalien. Frischer Rosmarin ist getrocknetem vorzuziehen.

Salbei (salvia) wird für Füllungen und zu Fleisch und Wild verwendet. Die Blätter haben ein kräftiges Aroma und werden sparsam eingesetzt. Sehr beliebt sind frittierte Salbeiblätter.

Thymian (timo), getrocknet, passt besonders gut zu Fleisch und Wild.

Maisgrieß (farina di polenta, f. gialla)

Aus den in unterschiedlicher Körnung vermahlenen Maiskörnern wird sowohl die weiche Polenta zubereitet, die man mit gehaltvollen Fleischsaucen serviert, als auch die festere Variante, die in Schei-

ben geschnitten und überbacken zu gegrilltem und geschmortem Fleisch oder Wild serviert wird. In Venetien und Friaul verwendet man polenta bianca, weißen Maisgrieß. Traditionelle Polenta muss unter ständigem Rühren mindestens 40 Minuten kochen, doch gibt es auch Instant-Polenta, die in 5 bis 10 Minuten fertig ist. Früher war Polenta das Essen der armen Leute im Norden Italiens, heute erfreut sie sich internationaler Beliebtheit.

Mehl (farina)

In Italien werden vorwiegend zwei Mehlsorten verwendet: farina di grano tenero – fein ausgemahlenes weißes Mehl aus Weichweizen (Triticum aestivum) – und semolino di grano duro oder Hartweizengrieß (Triticum durum), das aus dem vollen Korn von Durum-Weizen gewonnen wird und einen höheren Kleberanteil besitzt. Aus Hartweizengrieß wird in Fabriken getrocknete Pasta hergestellt, im Süden dient er zur Herstellung der Pasta ohne Ei, auf Sizilien für Brote und Pizza. Hartweizengrieß verleiht Pasta eine kernigere Konsistenz und eignet sich besser als gewöhnliches Mehl zum Bestreuen frischer Pasta, damit diese beim Kochen nicht zusammenklebt. Kichererbsenmehl (farina di ceci) verwendet man vorwiegend im

Getrocknete Steinpilze und andere frische Wildpilze, Früchte und Gemüse in der Auslage eines Marktstandes in Bologna.

Süden und auf Sizilien zur Herstellung von *panelle* – frittierte Kichererbsenfladen, die auf der Straße verkauft werden. In Ligurien bäckt man daraus eine Art Fladenbrot (*farinata*).

Nüsse (*noce*)

Haselnüsse (*nocciole*), Walnüsse (*noce*) und Mandeln (*mandorle*) verwendet man in großer Menge für Desserts und Süßigkeiten sowie zum Binden von Saucen und einigen Suppen.

Kastanien (*castagne*) werden als Knabberei zu Rotwein frisch geröstet, für Suppen und Schmorgerichte getrocknet, für Desserts kandiert und zu Mehl vermahlen, um *castagnaccio* herzustellen, einen süßen Kuchen mit Rosmarin (Toskana).

Pinienkerne (*pinoli*), die Samenkerne aus den Zapfen der Pinie, sind sehr teuer, da sie von Hand geschält werden.

Oliven (*olive* oder *ulive*)

Oliven werden in ganz Italien hoch geschätzt. Man erntet sie ab September grün oder lässt sie am Baum reifen, bis sie rotviolett, später schwarz sind. Frische grüne Oliven sind säuerlich bitter. Sie sind in Salzlake oder in Öl eingelegt im Handel. Grüne und schwarze Oliven eignen sich zu verschiedenen Gerichten, Saucen, als Antipasto oder zum Aromatisieren von Brot, Pasta und Dressings.

Olivenöl (*olio d'oliva* oder *uliva*)

Olivenöl ist aus der italienischen Küche nicht wegzudenken und die Auswahl schier endlos. Manche Sorten schmecken pfeffrig, andere fruchtig oder leicht nach Mandel. Für kalt gepresstes Olivenöl gibt es EU-Qualitätsstufen. Am hochwertigsten ist *olio d'oliva extra vergine*, naturbelassen und aus der ersten Pressung (bis zu 1 % Fettsäure), mit dem man Salate mischt oder Fleisch und Suppen beträufelt. Die hohe Qualität drückt sich auch im Preis aus. Zum Kochen und Backen verwendet man ein nicht ganz so teures Öl wie *olio d'oliva vergine* (bis zu 3,5 % Fettsäure). Ein dunkelgrünes Olivenöl ist kein Garant für Qualität, die hängt von der Olivensorte ab. Darum lieber probieren. Bei Tageslicht oder an einem warmen Ort sollte man es nicht auf-

bewahren, besser ist eine kühle Speisekammer. Eingetrübtes Öl wird bei Raumtemperatur schnell wieder klar. Verwenden sollte man es bis zu einem Jahr nach der Pressung. Zum Frittieren eignet sich ein einfaches Olivenöl ebenfalls gut.

Pasta, getrocknete (*pasta secca*)

Getrocknete Pasta kann mit (*all'uova*) und ohne Ei hergestellt werden. In Süditalien (etwa ab Neapel) gehört sie zu den Grundnahrungsmitteln. Hier wird sie in großen Fabriken nur aus Hartweizen (*grano duro*) und Wasser produziert. Es gibt Hunderte verschiedene Formen, die je nach Region unterschiedlich benannt sind. In Rom kann man sogar ein Pasta-Museum besuchen. Frische Pasta (*pasta fresca*) wird mit Eiern und Weichweizenmehl zubereitet und vorwiegend in Mittelitalien, insbesondere der Emilia-Romagna, gegessen.

Pfeffer (*pepe*)

In der norditalienischen Küche wird reichlich schwarzer Pfeffer verwendet – eine Tradition, die auf den Gewürzhandel in Venedig zurückgeht. Natürlich würzt man heute in ganz Italien mit Pfeffer (es sei denn, die Speisen haben ein besonders feines Aroma), der stets frisch gemahlen wird.

Pilze (*funghi*)

Getrocknete Wildpilze (*funghi porcini secchi*): Am beliebtesten ist der Steinpilz (*Boletus edulis*), Sammler finden ihn im Herbst in den Wäldern. Getrocknete Pilze werden in Scheiben oder großen und kleinen Stücken angeboten. Man sollte sie in einem luftdichten Behälter aufbewahren und innerhalb eines Jahres verbrauchen. Vor der Verwendung müssen sie 20 Minuten in lauwarmem Wasser eingeweicht werden. Das Einweichwasser wird abgeseiht und zum Aromatisieren von Saucen, Suppen und Schmorgerichten verwendet.

Wildpilze: Im August und September begibt sich ganz Italien frühmorgens in ein nahe gelegenes Waldstück und sucht nach den begehrten Wildpilzen. Am beliebtesten sind Steinpilze (*porcini*) und Pfifferlinge (*cantarelli*). Zwei bis drei Tage nach einem Regenguss verschwinden die Menschen

Dieser Essig, aceto di vino, wurde im Chianti-Anbaugebiet in der Toskana produziert.

Große frische Oliven aus Sizilien auf einem Marktstand in Trapani.

mit Stöcken und Körben zu ihren Geheimplätzen, um zu sehen, was unter den Blättern emporgeschossen ist. Wärme und Feuchtigkeit fördern das Wachstum der Pilze, doch muss man sie sammeln, ehe Schnecken und Fliegen sich bedienen. Leider gibt es nicht genug Pilze für all die italienischen Pilzfreunde, und so importiert man sie aus Osteuropa. Sie sind Zutat für Polenta, Pasteten, Risotto, Schmorgerichte und vieles mehr. Mit Olivenöl bestrichen, grillt man ganze Pilze mit Knoblauch über Holzfeuer. Oder sie werden nur mit Olivenöl und Knoblauch gebraten und mit Petersilie serviert. Es gibt Pilzsauce für Pasta und sogar Pasta mit Pilzaroma. In Italien werden Wildpilze auch gern getrocknet, eingefroren oder in Öl eingelegt. *Ovoli* sind Kaiserlinge, die jung vollkommen von einer Eihülle umschlossen sind. Man isst sie roh in Scheiben. Wildpilze werden vorsichtig mit der Bürste gereinigt und keinesfalls gewaschen.

Reis *(riso)*

In der Poebene werden vier Arten von Reis angebaut: *Originario* (ein kurzer Rundkornreis für Desserts), *semifino* (Rundkornreis von mittlerer Länge für Suppen und Milchreis), *fino* (italienischer Standardreis, Langkorn, für einfachen Risotto) und *superfino* (Spitzenreis, Langkorn-Risotto-Reis mit hohem Stärkeanteil), zu dessen bekanntesten Sorten *Arborio*, *Vialone nano*, *Vialone nano gigante* und *Carnaroli* gehören. *Arborio* wird beim Garen besonders dick und muss vorsichtig zubereitet werden, da er schnell zerfällt.

Risotto ist eine norditalienische Spezialität aus dem Piemont, der Lombardei und Venetien, in Süditalien ist mehr die Pilaw-Variante aus der arabischen Küche verbreitet. Man verwendet dafür festere Reissorten wie *Ribe* oder *Originario*, die gegart und mit anderen Zutaten vermischt werden. Das Reisangebot in italienischen Supermärkten ist überwältigend, ein kleiner Vorrat ist zu empfehlen.

Salz *(sale)*

Salz ist in der italienischen Küche von größter Bedeutung. Von alters her und auch heute noch wird es zum Konservieren von Lebensmitteln verwendet – für Kapern, Sardellen, Trockenfisch und vieles mehr. Brot ohne Salz schmeckt einfach nicht, selbst in der Toskana – man muss schon hier geboren sein, um das ungesalzene Brot schätzen zu können (ein Ergebnis der einst hohen Salzsteuern). Pasta wird in großzügig gesalzenem Wasser gekocht, und alle gebratenen Speisen werden sofort mit Salz bestreut. Aber auch schon während des Garens werden die Speisen kräftig gesalzen. Bei italienischem Salz handelt es sich um Meersalz, das immer noch nach alter Methode durch Verdunstung in offenen Salzpfannen gewonnen wird. Feines Salz *(sale fino)* wird zum Backen und bei Tisch verwendet, grobes Salz *(sale grosso)* zum Kochen.

Sardellen *(acciughe, alici)*

Ob in Salz oder in Öl, die pikanten Sardellen sind für manche italienische Speisen, insbesondere solche aus dem Süden, eine unerlässliche Würzzutat. Seit römischer Zeit sind sie fester Bestandteil der regionalen Küchen. Für eingesalzene Sardellen *(sotto sale)* wird der ganze Fisch (meist ohne Kopf) in Salz eingelegt. Bei Verwendung muss man ihn daher abspülen, längs aufschneiden und die Mittelgräte entfernen. Sardellen in Öl *(sott'olio)* schmecken nicht so frisch wie eingesalzene. In Milch oder Wasser gewässert, werden sie zarter. Ein guter Ersatz ist Sardellenpaste.

In diesem speziellen Trockenraum in Chianti in der Toskana reifen gepökelte Fleisch- und Wurstwaren.

Schinken *(prosciutto)*

Prosciutto ist der Oberbegriff für gepökelten, luftgetrockneten Schinken. In der Regel ist es ein roher *(crudo)* Schinken; *prosciutto di Parma* ist ein *prosciutto crudo* von bester Qualität. *Prosciutto* wird aus der Hinterkeule des Schweins hergestellt. Die Keule wird je nach Sorte bis zu 25 Tage in Salz gelegt. Dann wird das Salz entfernt und der Schinken an einen kühlen, trockenen Ort gehängt, die Trocknungszeit beträgt je nach Sorte bis zu 16 Monate. Nur drei Sorten dürfen die Bezeichnung DOC *(Denominazione di Origine Controllata),* eine Herkunftsgarantie, tragen: *Parma, San Daniele* und *Veneto. Prosciutto di Parma* stammt von Schweinen, die mit Molke aus der Parmesanherstellung gefüttert wurden. Er trocknet 7–8 Monate und wird anschließend auf der Fleischseite mit gewürztem Schweinefett eingerieben. Er gilt als feinster und bester Schinken und ist relativ hell. *San Daniele* ist rötlicher und von kräftigerem Geschmack (trocknet 14–16 Monate). *Prosciutto Veneto* schmeckt delikat süßlich. *Prosciutto crudo* gehört nicht in den Kühlschrank. *Prosciutto cotto* ist gekochter Schinken.

Semmelbrösel *(pangrattato)*

In einer italienischen Küche wird nichts verschwendet, auch kein Brot. Reste werden getrocknet und zu Semmelbröseln verarbeitet – eine wichtige Zutat für viele Speisen. Luftdicht aufbewahren.

Tomaten *(pomodori)*

Obwohl die Tomate erst im 16. Jahrhundert aus der Neuen Welt nach Europa gelangte, zählt sie heute zu den markantesten Zutaten der italienischen Küche, insbesondere in Neapel und Süditalien. Tomaten bekommt man in zahllosen Formen und Größen. Sonnengereifte rote Tomaten verwendet man für Saucen, während grüne, noch nicht ganz ausgereifte Exemplare in erfrischenden Salaten verzehrt werden. Zur Erntezeit kosten sie so wenig, dass man sie für den Winter immer noch einkocht und zu Sauce verarbeitet.

In den Wintermonaten, wenn es keine frischen Früchte gibt, sind Dosentomaten eine gute Wahl.

Diese leuchtend roten Eiertomaten gewinnen in der Sonne Italiens ein hervorragendes Aroma. In vielen regionalen Küchen sind sie eine unverzichtbare Zutat.

Oft sind sie sogar besser als die Tomaten, die man im nördlicheren Europa erhält. Beim Kochen wird die Säure durch etwas Zucker gemildert. *Passati* bezeichnet passierte Tomaten, dickflüssiger als Tomatensaft, aber keinesfalls so dick wie Tomatenmark.

Tomatenmark *(concentrato di pomodori)* ist in Gläsern, Dosen und Tuben erhältlich und gehört nach dem Öffnen in den Kühlschrank. Eine wichtige Zutat, die Saucen und Schmortöpfen ein intensives Aroma verleiht.

Sizilianischer *estratto* oder *strattu,* nengetrocknetes dunkles Konzentrat, ist bei uns eine Rarität, aber lange haltbar und sehr ergiebig. Ganz reife Tomaten werden dafür püriert und passiert, mit Salz vermischt und leicht eingekocht. Die entstandene dicke Sauce streicht man auf Holzbretter und lässt sie in der heißen Sonne trocknen. Man schabt die Sauce ab und wendet sie, bis sie eine intensive rotbraune Farbe hat. Das Fertigprodukt im Handel ist mit selbst hergestelltem *estratto* nicht zu vergleichen. Man bekommt ihn auf sizilianischen Märkten und sollte von einer Reise unbedingt etwas mitbringen.

Sonnengetrocknete Tomaten werden in der italienischen Küche sparsam verwendet. Sie stammen aus Süditalien und Sizilien, wo man sie halbiert und gesalzen auf gewebten Fenchelmatten in der Sonne trocknen lässt. Am aromatischsten sind die roten, noch weichen Exemplare. Sie geben Saucen, Suppen und Eintöpfen im Winter ein kräftiges Aroma.

Trüffeln *(tartufi)*

Am beliebtesten und teuersten ist die Weiße Trüffel *(tartufo bianco, tartufo d'Alba).* Sie besitzt ein scharfes Aroma und wird roh gegessen. Die besten Exemplare wachsen im kalkreichen Boden des Piemont, aber man findet sie auch im Crete Senese in der Toskana und in Venetien. Sie haben eine cremig weiße Farbe, eine glatte Oberfläche und sehen wie schlecht geformte Kugeln aus. Weiße Trüffel wird oft über einen *risotto bianco* oder *risotto milanese* gehobelt. Schwarze Trüffeln *(tartufo nero, tartufo di Norcia, tartufo di Spoleto)* stammen aus Norcia oder Spoleto in Umbrien. Außerdem findet man sie in den Marken, Venetien und der Lombardei. Von außen sind sie rau und von dunkler schwarzbrauner Farbe. Das dunkle Fleisch im Innern ist marmoriert. Schwarze Trüffeln müssen in der Regel gegart werden, damit sich ihr Aroma entfaltet. Köstlich schmecken sie mit Eiern, Käse oder als Garnitur für Pasta. Beide Trüffelarten werden von speziell trainierten Hunden oder Schweinen aufgespürt und dann von den Trüffelsuchern vorsichtig ausgegraben. Trüffeln können einen Durchmesser von 2–20 Zentimeter erreichen und werden nach Gewicht verkauft. Frische Trüffeln sind unglaublich teuer. Beim Kauf sollte man darauf achten, dass sie auch korrekt gewogen werden, denn sie können Löcher aufweisen, die mit Erde gefüllt sind. In Gläsern konservierte Trüffeln sind überhaupt nicht mit frischen Exemplaren zu vergleichen.

Trüffelöl verleiht Salaten, Risotto und Grillfleisch Pfiff, sollte aber nicht zu dominant sein. Trüffelpaste schmeckt gut mit Pasta oder auf Toast.

Wurstwaren *(salumi)* und Pancetta

Cotechino ist eine würzige Kochwurst aus frisch gehacktem Schweinefleisch, die oft als Teil von *bollito misto* serviert wird. Die Spezialität aus der Emilia-Romagna bekommt man in guten italienischen Feinkostläden vakuumverpackt.

Salami *(salame)* ist eine luftgetrocknete Rohwurst aus unterschiedlichen Fleischsorten, die es in ganz Italien in zahlreichen Variationen gibt.

Salsicce sind rohe Schweinsbratwürste. Sie bestehen aus grob gemahlenem Schweinefleisch (zu zwei Dritteln mager, zu einem Drittel fett) und sind kräftig mit Pfeffer und Salz gewürzt. Oft aromatisiert man sie mit Fenchelsamen, Chilis, Basilikum und Pinienkernen. Sie eignen sich ideal zum Grillen und schmecken sehr aromatisch. Mitunter werden sie wie eine Spirale zusammengerollt, im Ganzen in der Pfanne gebraten und dann in Scheiben geschnitten. Die bekannteste Sorte ist *luganega* aus der Lombardei.

Mortadella ist eine gedämpfte Wurst aus fein gehacktem Schweinefleisch (auch gemischt mit anderen Fleischsorten) und langen Speckstreifen. Sie wird in dünnen Scheiben als Antipasto gegessen oder für Füllungen verwendet.

Pancetta ist gepökelter, ungeräucherter durchwachsener Schweinebauch. Es gibt zwei Sorten: *Pancetta stesa,* Bauchspeck im Stück mit Schwarte, sowie *pancetta arrotolata,* gewürzter, gerollter und bei Bedarf in Scheiben geschnittener Bauchspeck, nahezu ohne Schwarte. *Pancetta affumicata* wird gepökelt, geräuchert und sehr dünn in Scheiben geschnitten.

Rechts: *Ein wichtiger Moment, denn hier wird gerade* aceto balsamico *verkostet. Die Fässer mit dem wertvollen Essig stammen aus der Emilia-Romagna.*

Links: *Die beliebten Trüffeln sind ein Schatz der Bergregionen, wo sie mit Sorgfalt gesucht und ausgegraben werden. Die abgebildeten* tartufi bianchi *sind besonders wertvoll.*

1
Antipasti

Gefüllte Zucchiniblüten

Zucchini ripieni

In ihrer Schule in der Toskana lehrt Maggie Beer die Zubereitung dieses wunderbaren Gerichts. Wenn die Zucchiniblüten Saison haben, sind sie in ganz Italien ein unverzichtbarer Bestandteil verschiedenster *antipasti*. Besonders gern reicht man sie bei Hochzeiten und großen Empfängen. Die besten *zucchini ripieni* aß ich auf der Hochzeit meiner Freunde Sara und Martin in einem Kloster in Piemont. Sie wurden von dem hervorragenden Koch der Familie zubereitet.

Die eindrucksvolle männliche Blüte der Zucchini, die an einem langen Stiel aus der Mitte der Pflanze wächst, ist zum Füllen am besten geeignet. Aus den weiblichen Blüten entwickeln sich die Früchte, darum sollten sie nicht zu früh geerntet werden. Zucchiniblüten werden auf italienischen Märkten in großer Fülle angeboten und sind eine beliebte Vorspeise. Man kann sie aufwendig zubereiten oder einfach nur in Teig getaucht frittieren. Zum Füllen eignen sich klein gehackte bocconcini *(kleine, mundgerechte Mozzarella-Bällchen) mit Sardellen, wie in unserem Rezept; klein gewürfelte Mortadella, vermischt mit Knoblauch, Semmelbröseln, Petersilie, frisch geriebenem Parmesan und ein paar Tropfen Olivenöl; aber auch Ricotta oder Frischkäse aus Ziegenmilch mit gehacktem Spinat oder Mangold, gewürzt mit Salz, Pfeffer und Muskat.* MB

ERGIBT 12 STÜCK

FÜR DEN TEIG *(PASTELLA)*:
250 g Mehl
1 TL Salz
125 ml Olivenöl
350 ml lauwarmes Wasser
2 Eiweiß

FÜR DIE FÜLLUNG:
36 kleine Mozzarella-Bällchen *(bocconcini)*
12 Sardellen in Öl
1 TL getrockneter Oregano
Frisch gemahlener schwarzer Pfeffer

AUSSERDEM:
Olivenöl zum Frittieren
12 Zucchiniblüten
Meersalz zum Bestreuen

1 Für den Teig Mehl und Salz in einer Schüssel vermischen und eine Mulde in die Mitte drücken. Öl und Wasser verrühren und in die Mulde gießen. Alles zu einem glatten Teig verarbeiten. Mindestens 1 Stunde ruhen lassen.

2 Die Mozzarella-Bällchen vierteln. Die Sardellen abspülen, trockentupfen und fein hacken. Mozzarella, Sardellen und Oregano vermischen und mit Pfeffer würzen.

3 Die Eiweiße steif schlagen und unter den Teig ziehen. Den fertigen Teig sofort verwenden.

4 Olivenöl 3 cm hoch in einen großen Topf oder Wok gießen und erhitzen. Das Öl ist heiß genug, wenn ein kleiner Brotwürfel sofort darin bräunt.

5 Die Blüten von den Stempeln befreien, je 1 Esslöffel Füllung hineingeben. Die Blütenblätter vorsichtig darumlegen und mit einer Drehbewegung verschließen. Die gefüllten Blüten in den Teig tauchen, überschüssigen Teig abtropfen lassen. Im heißen Öl goldbraun frittieren. Auf Küchenpapier gut abtropfen lassen, mit Meersalz bestreuen und sofort servieren.

Sizilianische Kichererbsenfladen mit Rosmarin

Panelle [v]

Diese kleinen frittierten Fladen aus Kichererbsenmehl kann man überall in Sizilien auf der Straße kaufen. Ich habe sie in Menfi Mercatino gegessen – in einem großen Brötchen und mit irgendeiner Sauce getränkt! Selbst zubereitet sind sie wesentlich besser: außen knusprig und im Innern weich. Allerdings müssen sie heiß serviert und mit reichlich Salz bestreut werden.

ERGIBT ETWA 40 STÜCK (JE NACH GRÖSSE)

Öl zum Bestreichen der Arbeitsfläche
300 g Kichererbsenmehl (in internationalen
    Lebensmittelgeschäften erhältlich)
700 ml Wasser
2 EL gehackter frischer Rosmarin
Salz und frisch gemahlener schwarzer Pfeffer
Öl zum Frittieren

1 Eine Marmorplatte oder die Rückseite eines Backblechs leicht mit Öl bestreichen. Einen Teigschaber bereitlegen.

2 Das Kichererbsenmehl in einen Topf sieben. Nach und nach das Wasser unterschlagen, sodass sich keine Klümpchen bilden. Rosmarin untermischen, mit Salz und Pfeffer abschmecken. Unter ständigem Schlagen die Mischung zum Kochen bringen. So lange rühren, bis sie kräftig eindickt und sich von der Topfwand löst (ähnlich wie bei Brandteig). Etwaige Klümpchen lösen sich beim Frittieren auf.

3 Die Mischung auf die geölte Arbeitsfläche gießen und so dünn und gleichmäßig wie möglich verstreichen. Unbedingt zügig arbeiten. Abkühlen und fest werden lassen.

4 Aus der fest gewordenen Masse kleine Fladen in Form von Rauten oder Quadraten schneiden und zwischen einzelne Lagen Klarsichtfolie schichten.

5 Etwas Öl in einem Wok erhitzen. Es ist heiß genug, wenn ein kleines Stück der Masse darin sofort bräunt. Die Fladen portionsweise im heißen Öl von beiden Seiten goldbraun ausbacken. Auf Küchenpapier abtropfen lassen. Mit Salz bestreuen und heiß servieren.

Parmesanchips

Parmigiano croccante [v]

Eine relativ neue und sehr populäre Kreation: Von diesen dünnen, knusprigen, herrlich pikanten Chips kann man eigentlich nie genug herstellen. Für die Zubereitung eignet sich eine Pfanne, einfacher und in größerer Menge gelingt es jedoch im Backofen. Luftdicht verschlossen lassen sich die Chips gut aufbewahren.

FÜR 4 PERSONEN

150 g Parmesan, frisch gerieben
Fenchelsamen zum Bestreuen (nach
    Belieben)
Frische rote Chilischoten, von Samen
    und Scheidewänden befreit, fein gehackt
    (nach Belieben)

1 Ein oder zwei Backbleche mit Backpapier auslegen.

2 Mit dem Esslöffel kleine Häufchen Parmesan in regelmäßigen, ausreichend großen Abständen auf das Backpapier setzen und mit der Rückseite des Löffels flach drücken. Nach Belieben mit einigen Fenchelsamen oder gehackten Chilischoten bestreuen.

3 Im vorgeheizten Ofen bei 200 °C (Umluft 180 °C) in 3–6 Minuten goldbraun backen. Herausnehmen, einige Minuten fest werden lassen (in diesem Stadium kann man die Chips auch um den Stiel eines Holzlöffels oder eines Nudelholzes formen). Vorsichtig vom Backpapier heben, vollständig auskühlen lassen. Luftdicht verschlossen aufbewahren.

Gegrillte Balsamico-Feigen mit Schinken

Fichi alla griglia con aceto balsamico e prosciutto

Diese Vorspeise aß ich zum ersten Mal in einem kleinen Restaurant hoch über Lucca. Es war Sommer, und die Feigen wurden im Freien gegrillt. Der herrliche Duft blieb ebenso unvergessen wie der Blick auf die uns umgebenden Berge. Ganz spontan hatte der Restaurantbesitzer diese unkomplizierte Speise kreiert; und sobald gute Feigen Saison haben, bereite ich sie ebenso zu. Wichtig sind ganz frische Zutaten; für das süßsäuerliche Aroma sorgt der karamellisierte Balsamico.

FÜR 4 PERSONEN

8 frische, reife Feigen
2 EL Aceto Balsamico
Natives Olivenöl extra
12 Scheiben roher Schinken *(prosciutto)*
Parmesan, in dünne Scheiben gehobelt
Grob gemahlener schwarzer Pfeffer zum
   Servieren

1 Die Feigen aufrecht auf eine Arbeitsfläche setzen, am Stielansatz kreuzweise einschneiden, aber nicht durchschneiden, und mit den Fingern wie eine Rosette öffnen. Mit Balsamico und Olivenöl bestreichen.

2 Die Feigen mit der aufgeschnittenen Seite nach unten auf den Rost eines Holzkohlegrills legen und 3–4 Minuten grillen, bis sie heiß und leicht gebräunt sind. Alternativ mit der aufgeschnittenen Seite nach oben unter den sehr heißen Backofengrill schieben und bräunen lassen.

3 Inzwischen 6 Scheiben Schinken auf dem Grillrost verteilen und grillen, bis sie knusprig zu werden beginnen. Herunternehmen und warm halten. Mit dem übrigen Schinken ebenso verfahren.

4 Auf vorgewärmten Tellern je 3 Scheiben Schinken und 2 Feigen anrichten. Mit gehobeltem Parmesan bedecken, mit etwas Olivenöl beträufeln und reichlich Pfeffer darüber streuen.

„Weiße Dame"

Dama bianca [V]

Viana la Place besitzt – vielleicht aufgrund ihrer süditalienischen Herkunft – ein großes Geschick für die Zubereitung von Salaten, die wunderbar aussehen und ebenso gut schmecken. Die Kombination von weicher Mozzarella und knackigem Bleichsellerie ist eine wahre Gaumenfreude. In ganz Italien schätzt man außerdem rohen Fenchel in Salaten. Sehr dünn geschnitten und in Dressing mariniert, wird er angenehm weich.

FÜR 4 PERSONEN

450 g frische Mozzarella
1 Fenchelknolle
1 Staude (6 – 8 Stangen) Bleichsellerie, nur
   die hellen unteren Teile
Salz und frisch gemahlener schwarzer Pfeffer
100 ml natives Olivenöl extra
Frisch gepresster Saft von 1 Zitrone

Eine kulinarische „Komposition in Weiß", die aus einem italienischen Menü aus dem frühen 19. Jahrhundert stammt: in dünne Scheiben geschnittene weiche Mozzarella, die nach frischer Milch schmeckt, mit fein geschnittenem knackigem Fenchel und Sellerie sowie bestem Olivenöl und Zitronensaft. Genießen Sie die delikate Vorspeise mit gekühltem Weißwein und frischem Stangenbrot oder Grissini. VLP

1 In Lake abgepackte Mozzarella abtropfen lassen, auf Küchenpapier setzen.
2 Die Fenchelknolle vom Wurzelansatz und den Blattstielen befreien, angetrocknete Schuppenblätter entfernen. Die Knolle halbieren, den Keil herausschneiden, die Knolle in sehr dünne Streifen schneiden.

Die Basis der Selleriestaude entfernen, die Stangen in feine Scheiben schneiden.
3 Die Mozzarella in dünne Scheiben schneiden und auf einer Platte anrichten. Fenchel und Sellerie darüber verteilen. Mit Salz und Pfeffer würzen und mit Olivenöl und Zitronensaft beträufeln.

Gegrillte Auberginen, aromatisch eingelegt mit Thymian, Knoblauch und Balsamico

Melanzane alla griglia marinate con timo, aglio e aceto balsamico [V]

Diese Auberginen gehören zu den beliebtesten Speisen, die Stephanie Alexander in ihrer Kochschule in der Toskana zubereitet. Überall in Italien werden Auberginen in der Hauptsaison eingelegt oder mariniert. Durch das vorherige Grillen erhalten sie zusätzlich ein rauchiges Aroma. Besonders gut geeignet für dieses Rezept sind die kleineren, runden Auberginensorten.

FÜR ETWA 15 PERSONEN

750 g kleine, runde Auberginen
Natives Olivenöl extra
6 Knoblauchzehen, in dünne Scheiben
 geschnitten
4 EL grob gehackter frischer Thymian
 (mit Stängeln)
Meersalz und frisch gemahlener schwarzer
 Pfeffer
4 EL Aceto Balsamico

Oft servieren wir diese aromatischen Auberginen mit einer Auswahl an antipasti, *zu der auch unsere eingelegten Champignons und am selben Tag hergestellte, ganz frische Ricotta gehören. Noch leicht warm, ergeben sie außerdem einen herrlichen ersten Gang, zu dem wir frische Borretschblüten und Rucola servieren. SA*

1 Die Auberginen vom Blütenkelch befreien, längs in 1 cm dicke Scheiben schneiden und diese jeweils diagonal halbieren. Von beiden Seiten mit etwas Olivenöl bestreichen.
2 Die Auberginen auf dem Holzkohlegrill oder auch unter dem Backofengrill von beiden Seiten leicht bräunen. In eine weite Schüssel oder in ein tiefes Backblech legen und leicht abkühlen lassen. Mit Knoblauch, Thymian, Salz und Pfeffer bestreuen.

3 Den Balsamico mit 125 Milliliter Olivenöl vermischen, zwei Drittel über die Auberginen gießen und diese wenden, um sie gleichmäßig mit Öl zu bedecken.
4 Die abgekühlten Auberginen in sterilisierte kleine Einmachgläser füllen und mit der restlichen Vinaigrette begießen. Die Gläser leicht schütteln, damit etwaige Luftbläschen entweichen, und luftdicht verschließen. Die Auberginen können sofort gegessen werden, bleiben aber auch mehrere Monate köstlich aromatisch.

Crostini mit Dicken Bohnen, Birne und Pecorino

Crostini di fave, pere e pecorino [V]

Im Frühjahr werden überall in Italien große Mengen frische Dicke Bohnen angeboten. In toskanischen Lebensmittelgeschäften sind sie häufig Teil der Schaufensterauslagen. Servieren lassen sie sich denkbar einfach: in der Hülse mit einigen Scheiben Pecorino romano und natürlich etwas Olivenöl. Die Bohnen werden ausgepalt und zu dem pikanten Käse verzehrt. In der Fattoria Montelucci in Pergine Valdarno servierte ich sie eines Abends, in Häufchen über die Länge des Tisches verteilt, abwechselnd mit Tellern mit Pecorino – es sah beeindruckend aus. Doch die Gäste hatten Zweifel, dass man sie auf diese Weise auch gut essen könnte. Darum nun dieser Rezeptvorschlag.

FÜR 6 PERSONEN

1 italienisches Weißbrot (*sfilatino*),
   ersatzweise 1 kleines französisches
   Baguette
Natives Olivenöl extra
250 – 300 g Dicke Bohnen, gepalt
Salz und frisch gemahlener schwarzer
   Pfeffer
1 kleine reife Birne
Aceto Balsamico oder Sherry-Essig
125 – 150 g Pecorino romano,
   gesalzene Ricotta oder Schafkäse

1 Für die *crostini* das Brot in dünne Scheiben schneiden, mit Olivenöl bestreichen und auf einem Backblech verteilen. Im vorgeheizten Ofen bei 190 °C (Umluft 170 °C) in etwa 10 Minuten goldbraun und knusprig backen.
2 Die Bohnen in kochendem Wasser 3 Minuten blanchieren. Abgießen und in kaltem Wasser abschrecken. Mit den Fingern aus der Haut lösen und die Kerne mit einer Gabel grob zerdrücken. Etwas Olivenöl hinzufügen, mit Salz und Pfeffer kräftig würzen.
3 Die Birne schälen, vom Kerngehäuse befreien und fein würfeln. Mit einigen Spritzern Balsamico vermischen. Den Käse klein würfeln und untermischen.
4 Die *crostini* reichlich mit Bohnenpüree bestreichen und die Birnenmischung darauf verteilen. Sofort servieren.

Gefüllte Sardinen

Sarde alla beccaficu

Die gefüllten Sardinen sehen beinahe wie kleine Vögel aus, wenn sie mit den Schwänzen nach oben in der Form liegen. Auf sizilia-nischen Fischmärkten bekommt man für dieses Gericht fertig vorbereitete silbrig funkelnde Sardinen. Auch die anderen Zutaten sind typisch für Sizilien: Orangen, Pinienkerne, Kapern und Korinthen ergeben eine wunderbare Mischung aus süßen und pikanten Aromen und verweisen auf den Einfluss der arabischen Küche. Die gefüllten Sardinen eignen sich als leichte Mahlzeit, mit anderen Fischge-richten auch als Hauptgang.

FÜR 4 PERSONEN

16 frische Sardinen
50 g Pinienkerne, geröstet
25 g Korinthen
3 EL gehackte frische Petersilie
1 EL in Salz eingelegte Kapern, abgespült
    und gehackt
Salz und frisch gemahlener schwarzer Pfeffer
Abgeriebene Schale und Saft von
    1 unbehandelten Orange
Einige frische Lorbeerblätter
150 ml gutes Olivenöl

1 Die Sardinen mit der stumpfen Seite eines Messers vom Schwanz zum Kopf schuppen. Die Fische am Bauch mit einer Schere aufschneiden, ausnehmen und unter fließendem Wasser abspülen. Köpfe und Flossen – nicht die Schwanzflosse! – abschneiden. An den Schnittstellen die Mittelgräte fassen und langsam heraus-ziehen. Die Sardinen flach auf der Arbeits-fläche ausbreiten, Hautseite nach unten.
2 Pinienkerne, Korinthen, Petersilie, Kapern, Salz, Pfeffer und Orangenschale vermischen und je 1 Teelöffel der Füllung auf die Sardinen verteilen. Vom Kopfende aus einrollen und bei Bedarf mit einem Cocktailspieß fixieren.
3 Eine flache Auflaufform einfetten. Die Sardinen mit dem Schwanz nach oben in dichten Reihen in die Form setzen. Da-zwischen einige Lorbeerblätter stecken. Orangensaft und Olivenöl verquirlen und über die Sardinen gießen, kräftig mit Salz und Pfeffer würzen. Im vorgeheizten Ofen bei 200 °C (Umluft 180 °C) 10–15 Minu-ten backen. Warm oder am nächsten Tag bei Raumtemperatur servieren.

Gebratene Oliven

Olive fritte [V]

Eine ebenso delikate wie unkomplizierte Zubereitung von Oliven, die dadurch ein ganz besonderes Aroma bekommen. Eine italienische Freundin aus Kalabrien verriet mir dieses traditionelle Familienrezept, das sich besonders für Oliven eignet, die zu lange in Salzlake ein-gelegt waren. Zu den heiß servierten Oliven passen eisgekühlte Martinis oder Cocktails, etwa der berühmte Negroni.

FÜR 6 PERSONEN

30 große schwarze Oliven in Salzlake,
    über Nacht gewässert
Olivenöl
2 Knoblauchzehen, fein gehackt
1 EL getrockneter Oregano
7 EL Rotweinessig

1 Die Oliven abgießen, abspülen und trockentupfen. Mit dem Ende eines Nudelholzes leicht andrücken.
2 Den Boden einer schweren Pfanne mit Olivenöl bedecken und das Öl erhitzen. Die Oliven unter Schwenken 2 Minuten darin braten. Den Knoblauch einige Mi-nuten mitbraten. Den Oregano darüber streuen, den Essig hinzugießen und die Oliven unter Schwenken der Pfanne wei-tere 2 Minuten braten, bis der Essig ein-gekocht ist. Heiß direkt aus der Pfanne oder warm servieren.

Marinierte Paprika mit Artischocken und Sardellen

Peperoni marinati con carciofi e acciughe

Gegrillte Paprikaschoten sind in ganz Italien ein klassischer antipasto, *und Artischockenherzen lassen sich wunderbar damit kombinieren. Eingesalzene Sardellen schmecken sehr viel besser als Sardellen aus der Dose oder in Öl. Meist bekommt man ganze Fische, die gewässert und entgrätet werden müssen, doch das ist gar nicht schwierig.*

FÜR 6 PERSONEN

6 rote, orangefarbene oder gelbe Paprikaschoten
12 Artischockenherzen in Öl, abgetropft
24 Sardellenfilets in Öl, abgetropft,
  ersatzweise 12 eingesalzene Sardellen,
  küchenfertig vorbereitet
Salz und frisch gemahlener schwarzer Pfeffer
4 Knoblauchzehen, in Scheiben geschnitten
2 EL gehackter frischer Oregano, ersatzweise
  1 TL getrockneter Oregano
Gutes Olivenöl
2 hart gekochte Eier, fein gehackt

1 Die Paprikaschoten im Ofen oder auf dem Holzkohlegrill rundum grillen, bis die Haut schwarz wird und Blasen wirft. Die Schoten vorher nicht halbieren, da sie sonst austrocknen. 5–10 Minuten in einem Plastikbeutel schwitzen lassen.

2 Die Haut von den noch warmen Paprikaschoten abziehen. Die Schoten längs halbieren, von Stielansätzen, Samen und Scheidewänden befreien und mit der Öffnung nach oben in eine flache Schüssel setzen.

3 Die Artischockenherzen halbieren und jeweils 2 Hälften in eine Paprikahälfte füllen. Jeweils 2 Sardellenfilets darüber legen. Kräftig mit Salz und Pfeffer würzen und mit Knoblauch und Oregano bestreuen.

4 Die Paprikahälften mit Olivenöl beträufeln, abdecken und über Nacht in den Kühlschrank stellen, damit sich die Aromen entfalten können. Mit den gehackten Eiern bestreuen und bei Raumtemperatur servieren.

Frittierte Salbeiblätter

Foglie di salvia fritte

Diese Spezialität probierte ich das erste Mal auf der Hochzeit eines Freundes in Piemont – eine wahre Geschmacksexplosion. Die Zubereitung erscheint vielleicht etwas mühsam, doch sind frittierte Salbeiblätter eine unwiderstehliche Beigabe zu einem Aperitif.

ERGIBT 12 STÜCK

24 große, frische Salbeiblätter
1 TL in Salz eingelegte Kapern, abgespült
1 EL Sardellenpaste
Öl zum Frittieren

FÜR DEN TEIG *(PASTELLA)*:
1 Ei
150 ml eisgekühltes Wasser
125 g Mehl

1 Die Salbeiblätter waschen und trockentupfen. Die Kapern mit der Sardellenpaste zerdrücken und auf die dunklere Oberseite der Blätter streichen. Je 2 Salbeiblätter mit der Pastenseite so zusammendrücken, dass die Stiele zusammentreffen und als Griff dienen.

2 Ei und Wasser leicht verschlagen. Das Mehl unterschlagen, der Teig darf noch leicht klumpig sein. Sofort verwenden.

3 Das Öl in einem hohen Topf so stark erhitzen, dass ein Stück trockenes Brot in wenigen Sekunden darin bräunt. Die vorbereiteten Blätter am Stiel fassen und in den Teig tauchen, überschüssigen Teig abschütteln. Die Salbeiblätter portionsweise in dem heißen Öl in wenigen Sekunden knusprig und goldgelb frittieren. Auf Küchenpapier abtropfen lassen, sofort servieren.

Goldgelb ausgebackene Artischocken

Carciofi fritti [V]

Viana la Place bereitet wunderbare Gemüsegerichte zu, etwa diese goldgelb und knusprig
ausgebackenen Artischocken. In Italien sind
Artischocken äußerst beliebt, und viele Kinder
lernen schon früh die Zubereitung. Vom späten Frühling bis zum Ende des Sommers spielen Artischocken in der italienischen Küche
eine bedeutende Rolle. Auf den Märkten werden viele verschiedene Sorten angeboten –
kleine Exemplare isst man im Ganzen, größere
werden vor dem Garen von den äüßeren
Hüllblättern und dem Stiel befreit.

FÜR 4 PERSONEN

1 Zitrone, halbiert
8–12 mittelgroße Artischocken
Olivenöl zum Ausbacken
Salz nach Geschmack

*Große, zarte, in Olivenöl ausgebackene Artischocken sind typisch
für die Küche im jüdischen Viertel Roms. Für diese Variante des
römischen Gerichts stößt man sehr junge Artischocken so lange
vorsichtig auf die Arbeitsfläche, bis sich die Blätter blütenartig öffnen. Beim Ausbacken in Olivenöl werden die äußeren
Blätter goldbraun und knusprig, das Herz im Innern bleibt wunderbar zart. Zum Würzen benötigt man nur ein wenig Salz.* VLP

1 Eine große Schüssel mit Wasser füllen und eine Zitronenhälfte darüber ausdrücken. Mit der zweiten Hälfte die Schnittstellen der Artischocken beim Vorbereiten einreiben. Die stache-
ligen Spitzen der äußeren Artischockenblätter abschneiden.
Den Stiel der Artischocken kürzen und die Spitze der Blütenköpfe 1–2 cm weit abschneiden. Die vorbereiteten Artischocken sofort in das Zitronenwasser legen.

2 Die Artischocken abgießen und trockentupfen. Die einzelnen Blütenköpfe mit der Schnittseite vorsichtig auf eine harte
Arbeitsfläche stoßen, bis die dichten Blätter sich blütenartig
öffnen.

3 Eine mittelgroße Pfanne mindestens 1 cm hoch mit Olivenöl
füllen. Das Öl heiß werden lassen und die Artischocken bei
mittlerer Hitze portionsweise darin ausbacken. Dabei nach
unten drücken, sodass die Blätter geöffnet bleiben. Mit einer
Küchenzange im Öl wenden. Nach etwa 5 Minuten die Temperatur erhöhen und die Artischocken außen schön braun werden
lassen. Beim Herausnehmen das überschüssige Öl zunächst
in die Pfanne und dann auf Küchenpapier abtropfen lassen. Die
Artischocken nach Geschmack mit Salz würzen. Auf einer
Platte anrichten und sofort servieren.

2

Suppen

Klare Brühe mit Quadrucci

Quadrucci in brodo

Giuliano Bugialli ist ein Meister der Pasta. Mit diesem Rezept zeigt er außerdem, wie wichtig in der italienischen Küche klare Brühen von guter Qualität sind. Es gibt viele Arten von Suppen, aber am unkompliziertesten ist vielleicht eine Brühe mit Einlage, etwa Pasta. Die selbst gemachte Pasta für dieses Rezept wurde mit herrlich aromatischen grünen Petersilienblättern zubereitet, die durch den Teig hindurch leuchten. Diese Pasta sieht hübsch aus und bringt zusätzlichen Geschmack mit.

FÜR 8 PERSONEN

FÜR DIE BRÜHE:

900 g dunkles Putenfleisch mit Knochen
1 mittelgroße rote Zwiebel, geschält
1 Stange Bleichsellerie
1 mittelgroße Möhre, geschält
1 mittelgroße Knoblauchzehe, geschält
1 Kirschtomate
Einige Stängel frische, glatte Petersilie
Grobes Salz
3 Eiweiß von sehr großen Eiern

FÜR DIE PASTA:

450 g Mehl
40 g Parmesan, frisch gerieben
5 große Eier
1 kräftige Prise Salz
1 kräftige Prise frisch gemahlener schwarzer Pfeffer
30 Stängel frische, glatte Petersilie, nur die Blätter verwenden

Pastateig kann mit einigen Kräutern und Gewürzen verfeinert werden. Pasta mit ganzen frischen Petersilienblättern ist eine Spezialität aus Puglia. Andere Kräuter werden sehr fein gehackt, ehe man sie unter den Teig mischt, Petersilie wird jedoch nur in ganzen Blättern eingearbeitet – möglicherweise, weil sie den Teig ansonsten verfärben würde. Aber das schöne Muster ist bereits Grund genug, die ganzen Blätter zu verwenden. Der Teig wird außerdem mit geriebenem Käse vermischt, statt diesen später über die gegarte Pasta zu streuen – in Puglia verzichtet man meist auf zusätzlichen Käse. Die Petersilienpasta wird gewöhnlich in quadratische Formen, quadri oder quadrucci, unterschiedlicher Größe geschnitten. Man isst sie in einer Brühe aus Putenfleisch, zu einer Lammsauce oder mit zerlassener Butter und Salbeiblättern. Die Form der quadrucci und das feine Muster der Petersilienblätter sind in einer klaren Brühe wunderbar zu erkennen. GB

1 Für die Brühe das Fleisch mit Zwiebel, Sellerie, Möhre, Knoblauch, Tomate, Petersilie und Salz in einen großen Topf füllen und mit kaltem Wasser bedecken. Ohne Deckel bei mittlerer Temperatur erhitzen und 2 Stunden köcheln lassen. Ab und zu den aufsteigenden Schaum abschöpfen. Abschmecken.

2 Das Fleisch aus dem Topf nehmen und für ein anderes Gericht aufheben. Die Brühe durch ein feines Sieb in eine große Schüssel abseihen, abkühlen lassen. In der Schüssel über Nacht in den Kühlschrank stellen, damit sich das Fett an der Oberfläche absetzt und fest wird.

3 Das Fett mit einem Schaumlöffel von der Brühe abheben. Zum Klären 4 Esslöffel Brühe in einer kleinen Schüssel mit den Eiweißen vermischen und zu der kalten Brühe gießen. Gut unterschlagen. Die Brühe in einen Topf füllen, langsam zum Kochen bringen und 10 Minuten köcheln lassen, bis das Eiweiß mit den Rückständen aufsteigt und die Brühe klar wird.

4 In der Zwischenzeit ein sauberes feuchtes Küchentuch 5 Minuten ins Tiefkühlfach legen. Das Tuch locker über ein Sieb spannen und die Brühe dadurch abseihen, sodass sie ganz klar wird.

5 Für den Pastateig das Mehl in eine Schüssel sieben und eine Mulde in die Mitte drücken. Parmesan, Eier, Salz und Pfeffer hineingeben und verarbeiten, wie auf Seite 59 beschrieben.

6 Den Teig mit dem Nudelholz oder einer Nudelmaschine so dünn wie möglich ausrollen. Die Hälfte des ausgerollten Teigs in gleichmäßigen Abständen mit Petersilienblättern belegen, die andere Hälfte darüber klappen und fest drücken. Wiederum sehr dünn ausrollen. Mit einem glatten Teigrädchen Quadrate von etwa 5 cm Seitenlänge ausschneiden.

7 Die Brühe zum Kochen bringen und die Pasta darin – je nachdem, wie trocken die Pasta ist – 1–3 Minuten *al dente* kochen. Die heiße Brühe ohne zusätzlichen Käse servieren.

Eisgekühlte Tomaten-Paprika-Suppe mit *salsa verde*

Zuppa fredda di pomodoro e peperoni con salsa verde

Das Geheimnis dieser Suppe sind hoch aromatische sonnengereifte Tomaten – der klassische Geschmack des südlichen Italiens. Die salsa verde sorgt zusätzlich für ein süßsäuerliches Aroma, das man in Süditalien und Sizilien sehr schätzt. Zwar stammt salsa verde aus dem Norden des Landes und wird in der Regel zu bollito misto gereicht, doch erlaube ich mir, sie mit dieser Suppe zu kombinieren – für einen herrlichen Geschmackskontrast. Die kalte Suppe verweist auf den Einfluss der Spanier, die einst Sizilien besetzt hielten.

FÜR 6 PERSONEN

900 g frische, reife Tomaten, ersatzweise
  italienische Tomaten aus der Dose

2 große rote Paprikaschoten, halbiert, Stielansatz, Samen und Scheidewände entfernt

2 Knoblauchzehen, gehackt

1 kleine rote Chilischote, von Stielansatz,
  Samen und Scheidewänden befreit und
  gehackt

600 ml frischer Tomatensaft oder passierte
  Tomaten (*passata*)

6 EL natives Olivenöl extra

2 EL Aceto Balsamico

Salz und frisch gemahlener schwarzer Pfeffer

600 ml gestoßenes Eis zum Servieren

FÜR DIE *SALSA VERDE*:

2 Knoblauchzehen, fein gehackt

1 EL Salz

4 Sardellenfilets in Öl, abgespült, fein
  zerkleinert

Je 3 EL gehackte frische Petersilie, Minze
  und Basilikum

2 EL in Salz eingelegte Kapern, abgespült
  und gehackt

150 ml natives Olivenöl extra

2 EL frisch gepresster Zitronensaft

Frisch gemahlener schwarzer Pfeffer

1 Die Tomaten mit einem scharfen Messer vom Stielansatz befreien. 5–10 Sekunden in kochendem Wasser blanchieren, herausnehmen und in kaltem Wasser abschrecken. Die Tomaten enthäuten, halbieren und die Samen vorsichtig herausdrücken. Das Fruchtfleisch in die Küchenmaschine füllen.

2 Die Paprikaschoten grob hacken und mit dem Knoblauch und der Chilischote zu den Tomaten in die Küchenmaschine geben. Alles zu einem groben Püree verarbeiten. In eine Schüssel füllen und den Tomatensaft, das Olivenöl und den Essig (nach Geschmack) unterrühren. Mit Salz und Pfeffer würzen. Zugedeckt über Nacht kalt stellen, damit sich das Aroma entfalten kann.

3 In der Zwischenzeit die *salsa verde* zubereiten. Dafür den Knoblauch mit dem Salz zu einer cremigen Masse zerreiben. Mit den restlichen Zutaten vermischen und mit Pfeffer würzen. In ein Schraubglas füllen und mit Olivenöl bedecken, sodass keine Luft an die Sauce gelangt. Die Sauce hält sich im Kühlschrank bis zu einer Woche.

4 Das gestoßene Eis in die Suppe rühren. Die *salsa verde* in eine kleine Schüssel füllen und separat servieren. Sie wird bei Tisch unter die Suppe gerührt.

Muschel-Zucchini-Suppe

Aquacotta di mare

Diese Suppe lernte ich kennen, als ich eine Freundin in der Toskana besuchte. Sie betrachtet das Kochen, das Kombinieren guter Zutaten als eine Art Alchemie, die vom Herzen gesteuert wird. Die erfrischend leichte Suppe wird durch geröstetes Brot etwas gehaltvoller.

FÜR 6 PERSONEN

750 g frische Venusmuscheln in der Schale, ersatzweise Herzmuscheln, gesäubert
3 EL Olivenöl
2 große Knoblauchzehen
750 g Zucchini
Abgeriebene Schale und Saft von 1 unbehandelten Zitrone
1 EL gehackter frischer Majoran
1 l Gemüsebrühe
Salz und frisch gemahlener schwarzer Pfeffer
6 dicke Scheiben Bauernbrot, geröstet
Natives Olivenöl extra zum Beträufeln

1 Die Muscheln dämpfen, bis sich die Schalen öffnen. Den Muschelsaft abseihen, aufbewahren. Die Hälfte der Muscheln aus den Schalen lösen, die andere Hälfte zum Garnieren beiseite stellen.

2 Das Olivenöl in einem Topf erhitzen und 1 gehackte Knoblauchzehe darin bei schwacher Hitze anbraten, aber nicht bräunen. Die Zucchini in dicke Scheiben schneiden, mit Zitronenschale und Majoran in dem Öl wenden. Die Brühe dazugießen, salzen, pfeffern, langsam aufkochen. Zugedeckt 10 Minuten köcheln lassen, bis die Zucchini weich sind.

3 Durch ein grobes Sieb passieren und zurück in den Topf füllen. Den Muschelsaft und die ausgelösten Muscheln hinzufügen. Ist die Suppe zu dickflüssig, zusätzliche Brühe oder Wasser einrühren. Mit Salz, Pfeffer und Zitronensaft abschmecken. Zuletzt die Muscheln in der Schale untermischen.

4 Zum Servieren das geröstete Brot mit der verbliebenen und zerdrückten Knoblauchzehe einreiben. Je eine Scheibe in eine Suppentasse legen und die Suppe darüber schöpfen. Mit etwas Olivenöl beträufeln und sofort servieren.

Kürbissuppe mit Knoblauch

Crema di zucca e aglio arrosto [V]

Für diese Spezialität aus Mailand werden Kürbis und Knoblauch zuvor geröstet. Das verstärkt den Geschmack des Kürbisses und verleiht dem Knoblauch ein süßliches Nussaroma. Am besten eignet sich ein Kürbis mit kräftig orangefarbenem Fleisch.

FÜR 6 – 8 PERSONEN

750 g frischer Kürbis, von Samen und Fasern befreit, geschält
6 Knoblauchzehen, ungeschält
4 EL Olivenöl
2 mittelgroße Zwiebeln, in dünnen Scheiben
2 Stangen Bleichsellerie, gehackt
50 g weißer Langkornreis
1,5 l Gemüse- oder Hühnerbrühe
Salz und frisch gemahlener schwarzer Pfeffer
4 EL gehackte frische Petersilie

1 Den Kürbis in große Würfel schneiden. Mit dem Knoblauch in die Fettpfanne des Backofens legen und mit 2 Esslöffeln Olivenöl beträufeln. Im vorgeheizten Ofen bei 200 °C (Umluft 180 °C) etwa 30 Minuten rösten, bis der Kürbis weich und leicht gebräunt ist.

2 Das restliche Öl in einem großen Topf erhitzen. Zwiebeln und Sellerie bei schwacher Hitze 10 Minuten darin anschwitzen, bis das Gemüse leicht gebräunt ist und weich wird. Den Reis unterrühren, die Brühe dazugießen und aufkochen. Zugedeckt 15 – 20 Minuten köcheln lassen, bis der Reis weich ist.

3 Den Kürbis aus dem Ofen nehmen, leicht abkühlen lassen. Den Knoblauch aus der Schale drücken und mit dem Kürbis zur Suppe geben. Aufkochen und 10 Minuten köcheln lassen. Im Mixer pürieren und wieder in den Topf füllen. Mit Salz und Pfeffer abschmecken. Falls nötig, zusätzlich Brühe oder Wasser dazugießen. Erhitzen und die Petersilie unterrühren.

Gemüsesuppe mit Fleisch und Käse

Minestra maritata

Giuseppe Sylvestris Rezept ist ein typisches Beispiel für die „dicken" Suppen, die in der italienischen Küche eine wichtige Rolle spielen, insbesondere in großen Familien. Die Suppen sind nahrhaft und sättigend und wurden früher auch als Mittagessen für hungrige Arbeiter zubereitet. So wie viele bäuerliche Gerichte sind sie inzwischen ein bevorzugter Bestandteil der Speisekarten guter Restaurants. Die lange Garzeit ist wichtig, damit sich das Aroma der einfachen, aber sehr guten Zutaten entfalten kann.

FÜR 8–10 PERSONEN

1 Kopf glatte Endivie, zerpflückt

½ Wirsingkopf, in Streifen geschnitten

1 Sprosse Chicorée, vom bitteren Keil befreit, in Streifen geschnitten

1 Kopf Grünkohl, in Streifen geschnitten

1 Staude Schwarzkohl, in Streifen geschnitten

1 Kopf Brokkoli, in Röschen zerteilt, oder 1 Bund Frühlingszwiebelgrün, in Streifen geschnitten

4 EL Olivenöl

2 kleine Lammhachsen, ausgelöst, zerteilt

2 Kalbshachsen, ausgelöst, zerteilt

1 Perlhuhn, zerteilt

2 frische italienische Würste

100 g durchwachsener Bauchspeck (pancetta), gewürfelt

100 g Pecorino romano, gewürfelt

100 g Parmesan, gewürfelt

Salz und frisch gemahlener schwarzer Pfeffer

Der Ausdruck maritata *stammt aus dem neapolitanischen Dialekt und bedeutet „vermählt", denn für diese Suppe werden verschiedene Sorten Gemüse, Fleisch und Käse miteinander „vermählt". Diese neapolitanische Variante der bekannten toskanischen* ribollita *verdeutlicht die unterschiedlichen Kochtraditionen der einzelnen Regionen Italiens. Traditionell bereitet man die Wintersuppe in großer Menge zu, damit sie für die ganze Woche ausreicht. Es gibt viele Varianten, doch am besten schmeckt mir diese nach einem Rezept meiner Schwester. Dazu wird ein getrocknetes italienisches Brot namens* fresella *gereicht, das man in vielen italienischen Feinkostgeschäften bekommt.* GS

1 Das Gemüse waschen und wie angegeben vorbereiten. Mit 3 Esslöffel Olivenöl in einem großen Topf vermischen. Zugedeckt bei schwacher Hitze 10 Minuten dünsten. Abtropfen lassen und beiseite stellen.

2 Das restliche Olivenöl in einen großen Topf geben. Das Fleisch und die Würste darin portionsweise braun anbraten und jeweils auf einem Teller beiseite stellen.

Alles Fleisch zurück in den Topf füllen und mit Wasser bedecken. Zum Kochen bringen und bei schwacher Hitze ½ Stunde köcheln lassen. Das Gemüse und bei Bedarf weiteres Wasser hinzufügen und nochmals 1 Stunde köcheln lassen.

3 Den Käse unterrühren und weitere 10 Minuten köcheln lassen. Mit reichlich Salz und Pfeffer würzen. Vor dem Servieren 15 Minuten zugedeckt stehen lassen.

Tomaten-Brot-Suppe

Pappa al pomodoro [V]

Die Suppe nach einem Rezept von Maggie Beer gehört zu den bedeutendsten Gerichten der toskanischen Küche. In der Toskana werden möglichst keine Lebensmittel verschwendet und übrig behaltenes Brot spielt in der Kochtradition eine große Rolle. Die Speisen sind einfach, doch verwendet man nur beste Zutaten – etwa herrliche sonnengereifte Tomaten.

FÜR 8–10 PERSONEN

1 kg wirklich reife Tomaten
2 Knoblauchzehen, fein gehackt
Natives Olivenöl extra
1 Hand voll frische Basilikumblätter, grob
  gehackt oder zerpflückt
Frisch gemahlener schwarzer Pfeffer und Salz
1 l Fleisch- oder Gemüsebrühe (siehe
  Seite 40)
500 g Brot vom Vortag, Rinde entfernt
Frisch geriebener Parmesan zum Servieren

Manchmal, nach vielen Unterrichtstagen und Speisen, hatte ich das Gefühl, nichts mehr essen zu können. An solch einem Tag ging ich einmal in ein Restaurant in Siena, das mir ein Freund empfohlen hatte. Zuerst war ich enttäuscht, denn die Ober waren formell gekleidet, sprachen fließend Englisch, und es waren viele Touristen dort. Ohne Appetit bestellte ich pappa al pomodoro *– und mein Unwille verflog. Die Suppe war so einfach und aromatisch, wie ich es mir nur wünschen konnte. Ein wenig Olivenöl dazu, wie es die Toskaner tun, und ich fühlte mich wunderbar belebt. Doch die Suppe ist nur so gut wie ihre Zutaten, verlangt also beste Tomaten, gutes Brot und feinstes grünes Olivenöl.* MB

1 Die Tomaten waschen, halbieren, von Stielansätzen und Samen befreien und grob hacken. Nach Belieben die Tomaten vorher enthäuten: 5–10 Sekunden in kochendem Wasser blanchieren, in kaltem Wasser abschrecken und die Haut abziehen.

2 In einem großen Topf den Knoblauch in etwas Olivenöl kurz braten, ohne dass er Farbe annimmt. Die Tomaten und das Basilikum hinzufügen, leicht mit Pfeffer würzen, 5 Minuten unter gelegentlichem Rühren garen und mit Salz abschmecken.

3 Die Brühe dazugießen und langsam zum Kochen bringen. Das Brot in Würfel schneiden (Seitenlänge etwa 1 cm) und hinzufügen. Unter Rühren einige Minuten mitgaren. Den Topf mit einem Deckel schließen und die Suppe bei schwacher Hitze 30 Minuten köcheln lassen.

4 Mit Salz und Pfeffer abschmecken. Die Suppe in Suppentassen schöpfen und jeweils mit 2 Esslöffel Olivenöl beträufeln. Heiß, warm oder kalt (aber nie gekühlt) servieren. Dazu Parmesan reichen.

Kastaniensuppe mit Pancetta

Minestra di castagne e pancetta

Nach einem gemeinsamen Oktobernachmittag mit meinen Freunden Antonella, Anna und Emiliano in den Bergen von Chianti, wo wir frische, süße Edel- oder Esskastanien (Maronen) gesammelt hatten, kochte ich diese deftig-gehaltvolle Suppe. In der Toskana kommen solche Suppen zur Kastanienzeit häufig auf den Tisch. Am Abend sitzt man gern am Feuer, röstet Kastanien und schlürft den ersten Wein der Saison. Falls Sie keine frischen Kastanien bekommen können, eignen sich auch eingeweichte getrocknete Kichererbsen.

FÜR 6 PERSONEN

750 g frische, süße Esskastanien
125 g Butter
150 g durchwachsener Bauchspeck
    (pancetta), gehackt
2 mittelgroße Zwiebeln, fein gehackt
1 Möhre, fein gewürfelt
1 Stange Bleichsellerie, gehackt
1 EL gehackter frischer Rosmarin
2 frische Lorbeerblätter
2 Knoblauchzehen, halbiert
Salz und frisch gemahlener schwarzer Pfeffer

1 Mit einem scharfen Messer die Schale der Kastanien auf der runden Seite kreuzweise einritzen. Die Kastanien in einem Topf mit kaltem Wasser bedecken, zum Kochen bringen und 15–20 Minuten köcheln lassen. Den Topf vom Herd nehmen, die Kastanien portionsweise aus dem Wasser nehmen. Zuerst die dicke äußere Schale, dann die dünne innere, bitter schmeckende Haut entfernen.

2 Die Butter in einem großen Topf zerlassen und den Speck darin bei mittlerer Hitze goldbraun braten. Das vorbereitete Gemüse hinzufügen und 5–10 Minuten mitbraten, bis es weich zu werden beginnt und eine goldbraune Farbe bekommt.

3 Die Kastanien, Rosmarin, Lorbeerblätter und Knoblauch dazugeben und alles mit Wasser bedecken. Zum Kochen bringen und halb zugedeckt bei schwacher Hitze 30–45 Minuten köcheln lassen. Gelegentlich umrühren. Die Kastanien müssen zerfallen und die Suppe binden. Kräftig mit Salz und Pfeffer würzen.

Weiße-Bohnen-Suppe mit Knoblauch und Chili

Zuppa di toscanelli con aglio tostato e olio infuso al peperoncino [V]

Dies ist meine Variante der berühmten toskanischen Suppe aus den beliebten weißen toscanelli-Bohnen. Die dicke, wärmende Suppe stammt aus der bäuerlichen Küche und wurde früher mit Wasser zubereitet, doch Hühnerbrühe verleiht ihr einen kräftigeren Geschmack.

FÜR 4 PERSONEN

250 g getrocknete weiße Bohnenkerne, über
    Nacht in kaltem Wasser eingeweicht
1 Hand voll frische Salbeiblätter
4 Knoblauchzehen
150 ml gutes Olivenöl
2 EL gehackter frischer Salbei oder Rosmarin
Salz und frisch gemahlener schwarzer Pfeffer
1 TL Chiliflocken
Gehackte frische Petersilie zum Garnieren

1 Die Bohnen abtropfen lassen. In eine feuerfeste Kasserolle füllen und 5 cm hoch mit kaltem Wasser bedecken. Die Salbeiblätter zwischen den Bohnen verteilen. Aufkochen und zugedeckt im vorgeheizten Ofen bei 170 °C (Umluft 150 °C) etwa 1 Stunde garen, bis die Bohnen weich sind.

2 Inzwischen 2 Knoblauchzehen fein hacken, den übrigen Knoblauch in dünne Scheiben schneiden. Die Hälfte der Bohnen mit dem Salbei und der Garflüssigkeit im Mixer pürieren. Zurück zu den Bohnen gießen.

3 In einer Pfanne in 75 Milliliter Olivenöl den gehackten Knoblauch anbraten. Die Kräuter 30 Sekunden mitbraten, in die Suppe rühren und diese aufkochen. 10 Minuten köcheln lassen, abschmecken.

4 Die Knoblauchscheiben im restlichen Öl goldbraun braten, Chiliflocken hinzufügen. Über der Suppe verteilen. Mit Petersilie bestreut servieren.

Fischsuppe aus den Marken

Brodetto

Franco Taruschio stammt aus den Marken und kennt wohl jedes kulinarische Geheimnis. Seit vielen Jahren führt er sein legendäres Restaurant Walnut Tree in Wales und serviert häufig Suppen aus Fischen, die in der Region gefangen werden. Obwohl die Marken vor allem für ihre Wild- und Pilzgerichte bekannt sind, hat auch die Küstenregion die regionale Küche geprägt. Ähnlichen Suppen aus Meeresfrüchten begegnet man überall an den Küsten Italiens.

FÜR 6 PERSONEN

1,6 kg verschiedene Sorten Fisch und
    Meeresfrüchte, etwa Rote Meerbarbe,
    Himmelsgucker, Wittling, Knurrhahn,
    Seezunge, Miesmuscheln und Shrimps
    (eventuell vom Händler küchenfertig
    vorbereitet)
425 g Kalmare
3 EL natives Olivenöl extra
1 Zwiebel, sehr fein gehackt
1 Knoblauchzehe, zerdrückt
6 reife Tomaten, enthäutet, von Stielansatz
    und Samen befreit, gehackt
150 ml trockener Weißwein
Etwas Weißweinessig
425 g passierte Tomaten (*passata*)
Salz
3 EL fein gehackte frische Petersilie
Bauernbrot, in Scheiben geschnitten,
    geröstet, zum Servieren

Viele Jahrhunderte lang bereiteten die italienischen Fischer aus dem Fisch, den ihre Kunden nicht wollten, diese Suppe. Mit der Zeit entwickelte sich daraus eine raffinierte, aber immer noch sehr deftige Spezialität. Es gibt viele Zubereitungsarten und ebenso viele Diskussionen darüber, welche wohl die beste sei – mit Safran oder ohne …? Ursprünglich bestand brodetto *aus dreizehn verschiedenen Fischsorten – ein Hinweis auf die Anzahl der Personen beim Letzten Abendmahl. Man kann durchaus weniger Sorten verwenden, doch niemals zwölf, denn diese Zahl soll Unglück bringen, erinnert sie doch an den Verräter Judas. Einen amüsanten Anblick bieten die Fischrestaurants entlang der Küste mit Schildern wie „Vincenzo il mago" (Magier des* brodetto) *oder „Carlo, il rè" (König des* brodetto). *In Küstenorten wie Porto Recanati kann man sehen, wie die Fischer ihren Fang ganz früh am Morgen hereinbringen und am Kai oder in ihren Geschäften an Hausfrauen oder Köche verkaufen. Niemand von ihnen würde nach zehn Uhr morgens noch Fisch kaufen. Was dann noch übrig ist, wird billiger angeboten.* FT

1 Die Fische küchenfertig vorbereiten und in größere Stücke schneiden. Miesmuscheln und Shrimps säubern, die Shrimps jedoch nicht schälen. Beschädigte oder offene Muscheln wegwerfen. Die Kalmare ebenfalls küchenfertig vorbereiten und in dünne Ringe schneiden.
2 Das Olivenöl in einem weiten, flachen Topf erhitzen und Zwiebel und Knoblauch darin goldbraun braten. Die Kalmarringe 3–4 Minuten mitbraten. Die Tomaten, den Wein, einige Tropfen Essig, die passierten Tomaten und etwas gesalzenes Wasser unter Rühren hinzufügen. Nach einigen Minuten 2 Esslöffel gehackte Petersilie, dann die Shrimps und die größeren Fischstücke dazugeben.

3 Einige Minuten gar ziehen lassen. Den restlichen Fisch und die Muscheln hinzufügen und zugedeckt bei mittlerer Hitze in etwa 5 Minuten weich garen. Dabei ab und zu den Topf schwenken oder rütteln, damit nichts anhängt.
4 Den Topf vom Herd nehmen und die Suppe noch einige Minuten zugedeckt stehen lassen.
5 Mit der restlichen Petersilie bestreuen und servieren. Dazu das geröstete Brot reichen.

Fenchel-Zitronen-Suppe mit Oliven-Gremolata

Crema di finocchio e limone con gremolata di olive nere [V]

FÜR 4 PERSONEN

5 EL Olivenöl
1 kleines Bund Frühlingszwiebeln, gehackt
250 g Fenchelknollen, geputzt
1 große Kartoffel, geschält und gewürfelt
Abgeriebene Schale und Saft von 1 Zitrone
750 ml Gemüsebrühe
Salz und frisch gemahlener schwarzer Pfeffer

FÜR DIE OLIVEN-*GREMOLATA*:

1 kleine Knoblauchzehe, fein gehackt
Abgeriebene Schale von 1 Zitrone
4 EL gehackte frische Petersilie
16 dickfleischige schwarze Oliven, entsteint

1 Das Öl in einem großen Topf erhitzen und die Zwiebeln darin in 5–10 Minuten weich schwitzen. Den Fenchel in dünne Scheiben schneiden, das Grün für die *gremolata* aufbewahren. Fenchel, Kartoffel und Zitronenschale zu den Zwiebeln geben und mitbraten, bis der Fenchel weich zu werden beginnt. Die Brühe hinzugießen und zum Kochen bringen. Zugedeckt etwa 25 Minuten köcheln lassen, bis das Gemüse weich ist.

2 Für die *gremolata* das Fenchelgrün fein hacken und mit Knoblauch, Zitronenschale und Petersilie vermischen. Die grob gehackten Oliven untermischen. Zugedeckt in den Kühlschrank stellen.

3 Die Suppe mit dem Pürierstab oder im Mixer pürieren und durch ein Sieb passieren, um etwaige Fasern vom Fenchel zu entfernen. Ist die Suppe zu dickflüssig, noch etwas Brühe dazugießen. Zurück in den ausgespülten Topf füllen und erneut erhitzen. Mit Salz, Pfeffer und einem großzügigen Schuss Zitronensaft kräftig abschmecken. Die Suppe in Tassen schöpfen und mit der *gremolata* bestreuen, die erst unmittelbar vor dem Verzehr untergerührt wird.

Klare Brühe (Grundrezept)

Brodo

ERGIBT ETWA 2 LITER

2 Zwiebeln, 2 große Möhren und 2 Stangen Bleichsellerie, geschält und grob gehackt
2 Stangen Lauch, gewaschen und gehackt
1 Hand voll Petersilienstängel
2 Lorbeerblätter, je 1 Zweig frischer Rosmarin und Thymian, als *bouquet garni* gebunden
2 EL Sonnenblumenöl, Salz, Pfeffer

FÜR DIE HÜHNERBRÜHE:

2–3 rohe Hühnerkarkassen

FÜR DIE FISCHBRÜHE:

4 kg Gräten und Köpfe von fettarmem Fisch
4 Knoblauchzehen
1 Flasche trockener Weißwein

1 Gemüse, Petersilienstängel und *bouquet garni* mit dem Öl in einen großen Topf füllen. Bei mittlerer Hitze in 10 Minuten weich schwitzen. Salzen, pfeffern und 4 Liter Wasser hinzugießen.

2 Bei starker Hitze aufkochen, den aufsteigenden Schaum abschöpfen und bei mittlerer Hitze 1 Stunde köcheln lassen. Abkühlen lassen, durch ein Sieb abgießen und zurück in den ausgespülten Topf füllen.

3 Sprudelnd aufkochen und um die Hälfte einkochen lassen. Mit Salz und Pfeffer abschmecken. Abkühlen lassen und zugedeckt kalt stellen oder einfrieren.

FÜR DIE HÜHNERBRÜHE: Die Karkassen in einem großen Topf mit kaltem Wasser bedecken und aufkochen. Den Schaum abschöpfen. Das Gemüse hinzufügen (*bouquet garni* und Öl weglassen), 2 Stunden köcheln lassen. Abseihen, zurück in den Topf füllen, aufkochen, den Schaum abschöpfen. Mit Arbeitsschritt 3 fortfahren.

FÜR DIE FISCHBRÜHE: Die Fischköpfe und Gräten, von den Kiemen befreit und grob gehackt, mit dem Gemüse (*bouquet garni* und Öl weglassen) und Knoblauch in einen großen Topf füllen, mit dem Wein und Wasser vollständig bedecken. 45 Minuten köcheln lassen, den Schaum zweimal abschöpfen. In einen sauberen Topf abseihen, aufkochen. Mit Arbeitsschritt 3 fortfahren.

Ligurische Gemüsesuppe mit Pesto

Minestrone con pesto [V]

Claudia Roden hat ganz Italien bereist und eine Vielzahl von Rezepten gesammelt, die in diesem speziellen Gericht zu einer idealen Minestrone verschmelzen.

FÜR 6 – 8 PERSONEN

250 g Kürbis, ersatzweise Zucchini

4 mittelgroße Kartoffeln, geschält und
    gewürfelt

1 kleiner Blumenkohlkopf, in Röschen

75 g Champignons, grob gehackt

100 g frische oder tiefgekühlte Erbsen

150 g Dicke Bohnen, ersatzweise grüne
    Bohnen, in Stücke geschnitten

1 Dose Cannellini-Bohnen (Füllmenge
    400 g), abgegossen und abgespült

1 Zwiebel, fein gehackt

2 – 3 EL Olivenöl

6 reife Tomaten, vom Stielansatz befreit,
    enthäutet, gehackt, ersatzweise
    400 g Dosentomaten

3 EL fein gehackte Petersilie

Salz und frisch gemahlener schwarzer
    Pfeffer

100 g Reis oder Pasta (etwa zerbrochene
    Tagliatelle)

4 EL frisch geriebener Parmesan oder
    Pecorino romano

FÜR DEN PESTO:

2 Knoblauchzehen, zerdrückt

50 g Pinienkerne

Salz

50 g Basilikum mit Stängeln (etwa 8 Bund),
    gehackt

4 EL geriebener Pecorino romano oder
    Parmesan

150 ml leichtes Olivenöl

Die Küche Liguriens wird vor allem von Gemüse und Kräutern bestimmt, weniger von Meeresfrüchten. Die Ligurer lieben Kräuter und grünes Gemüse und bereiten nahezu alles mit ihrem delikaten Olivenöl zu, das zu dem besten Italiens zählt. Der gesamte Handel wurde über das Meer abgewickelt: Pinienkerne kamen aus Pisa, Pecorino aus Sardinien und eingesalzene Sardellen aus Spanien. Diese wunderbare ligurische Suppe bereitet man am besten schon am Vortag zu, denn so können sich die Aromen richtig entfalten. Die lange Garzeit ist nötig, damit das Gemüse ein wenig zerfällt und die Suppe eindickt. Der Pesto, den ich für die Suppe empfehle, ist vielleicht die beste aller ligurischen Spezialitäten und passt auch ideal zu Trenette, Tagliatelle, Corzetti oder Gnocchi. CR

1 Den Kürbis würfeln und mit Kartoffeln, Blumenkohl, Champignons, Erbsen und Dicken Bohnen (eventuell enthäutet) in einen großen Topf füllen. Mit kaltem Wasser vollständig bedecken, aufkochen, die Hitze reduzieren und etwa 40 Minuten köcheln lassen, bis das Gemüse sehr weich ist. Die Cannellini-Bohnen hinzufügen und heiß werden lassen.

2 In der Zwischenzeit die Zwiebel in dem Öl weich schwitzen. Tomaten und Petersilie dazugeben, 5 Minuten köcheln lassen und zu der Suppe gießen. Mit Salz und Pfeffer abschmecken.

3 Die Suppe 20 Minuten vor dem Servieren erneut zum Kochen bringen und den Reis einrühren (Pasta 10 Minuten vorher hinzufügen). Ist der Reis (oder die Pasta) gar, den Pesto unterrühren oder Pesto und Parmesan bei Tisch reichen, sodass sich jeder selbst bedienen kann.

Pesto

1 Für den Pesto Knoblauch und Pinienkerne mit etwas Salz im Mörser fein zerreiben. Das Basilikum portionsweise hinzufügen und ebenfalls kräftig zerreiben. (Die Menge mag etwas groß erscheinen, aber oft ist Basilikum außerhalb Italiens nicht ganz so aromatisch.) Als Alternative die Zutaten in der Küchenmaschine oder im Mixer pürieren.

2 Den geriebenen Käse gründlich untermischen und unter kräftigem Schlagen das Olivenöl in dünnem Strahl zulaufen lassen.

3

Pasta
und Saucen

Tomatensauce (mit Fleisch)

Sugo di ragù

Mary Contini besitzt ein wunderbares italienisches Feinkostgeschäft im schottischen Edinburgh, dem inzwischen ein beliebtes Restaurant angeschlossen ist. Wie viele Italiener in Schottland kocht sie so, wie ihre Großmutter es ihr beibrachte, gibt die Traditionen an die jüngeren Generationen weiter, aber nicht ohne ihre eigenen leichteren Varianten. Ihre Fleischsauce wird ganz langsam gekocht – ein echter italienischer Klassiker. Falsches Filet, auch Schulterfilet genannt, ist für dieses Rezept bestens geeignet. Es benötigt eine lange Garzeit und bringt viel Aroma mit.

FÜR 8–10 PERSONEN

3 EL natives Olivenöl extra

1 mittelgroße Zwiebel, sehr fein gehackt

1 kleines Stück getrocknete Chilischote

250 g Rindfleisch aus der Schulter

1 Knoblauchzehe, gehackt

1 Hand voll fein gehackte glatte Petersilie

5 Dosen geschälte italienische Tomaten
   (je 400 g)

Meersalz

Als Kind mochte ich den Sonntag am liebsten. Wir holten unsere nonna (Großmutter) zur Kirche ab, und danach durften einer oder zwei von uns Kindern zum Mittagessen bei ihr bleiben. Wir waren acht Geschwister und kämpften heftig um diese Gunst. Im Haus meiner Großmutter fand das Leben in der Küche statt. Der Vormittag diente dem Kochen des Mittagessens. Als Erstes wurde ein Topf mit sugo *bereitet, den man bei schwacher Hitze zwei bis drei Stunden kochen ließ. Ein Holzlöffel verhinderte, dass der Deckel fest auf dem Topf saß, so konnte der* sugo *ganz langsam einkochen und in der Küche ein wunderbares Aroma verströmen. Das Essen wurde durch eine Reihe von Tätigkeiten vorbereitet, deren Höhepunkt das Reiben des Pecorino war. Diesen Schafkäse mit gerillter gelblicher Rinde ließ sich meine Großmutter aus ihrer Heimat in Picinisco – einem kleinen Dörfchen in den Abruzzen – in versiegelten Paketen schicken. Meine Hände waren fast zu klein, um den Käse zu reiben, doch spornte es mich enorm an, damit ich dabei ausgiebig von dem aromatischen Pecorino probieren konnte.* MC

1 Das Olivenöl in einem Topf mit schwerem Boden erhitzen. Zwiebel und Chili darin unter Rühren bei schwacher Hitze langsam anschwitzen, bis die Zwiebel glasig ist. (Diese Zubereitung heißt *soffritto* und ist die Grundlage vieler italienischer Gerichte.)

2 In der Zwischenzeit mit einem scharfen Messer das Fleisch mehrmals leicht einschneiden und jeweils etwas Knoblauch und Petersilie in die Öffnungen stecken.

3 Die Temperatur erhöhen, das Fleisch in den Topf einlegen und rundum braun anbraten.

4 Die Tomaten durch ein feines Sieb passieren, um die Samen zu entfernen.

5 Die Tomaten zum Fleisch geben. Halb zugedeckt (einen Holzlöffel zwischen Topf und Deckel schieben) bei schwacher Hitze 2–2½ Stunden köcheln lassen. Ist die Sauce um etwa ein Drittel eingekocht, mit Meersalz abschmecken.

6 Die Sauce zu *al dente* gekochter Pasta, etwa Rigatoni oder Penne, servieren und mit frisch geriebenem Pecorino romano oder Parmesan bestreuen. Das äußerst zarte und delikate Fleisch wird nach der Pasta, jedoch vor dem Hauptgericht serviert.

Neapolitanische Fleischsauce

O'Zuffritto

Ein weiteres Rezept für eine langsam gekochte Fleischsauce von Giuseppe Sylvestri, jedoch ganz anderer Art. Für diese sehr scharfe Sauce werden verschiedene Fleischsorten (die meisten jedoch vom Schwein) kombiniert, die hier den kräftigen Geschmack der Sauce liefern. Wichtig ist aber wiederum die lange Kochzeit im zu keiner Zeit geschlossenen Topf.

Diese Sauce zeigt die große Bedeutung fremder Einflüsse auf die Küche Italiens. Zuffritto verweist auf die Zeit der spanischen Besatzung in Neapel und ist ein gutes Beispiel für die großen Unterschiede in der regionalen italienischen Küche. Ich stamme von Capri, einer Insel etwa 30 Kilometer vor der Küste Neapels. Doch auf Capri wird man dieser Sauce kaum begegnen, sie ist eine neapolitanische Spezialität. Ich lernte sie bei einem Freund aus Neapel kennen, der mich etwas „aus der Heimat" probieren lassen wollte. Die Kombination der Fleischsorten ist wichtig für den richtigen Geschmack, die Zubereitung denkbar einfach. Das Geheimnis liegt allein in der langen Kochzeit. GS

FÜR 8–10 PERSONEN

1 Schweinshachse
450 g Schweinefleisch aus der Schulter
250 g Schweinebauch
450 g Kalbfleisch aus der Schulter
50 g Schweineschmalz (wichtig für den Geschmack, ersatzweise kann auch Olivenöl verwendet werden)
3 getrocknete Lorbeerblätter
2 EL milde Chilipaste
150 g Tomatenmark
1 l Rinderbrühe
Salz und frisch gemahlener schwarzer Pfeffer

1 Die Schweinshachse entbeinen, die Schwarte abschneiden. Alle Fleischsorten in sehr kleine Würfel schneiden.

2 Das Schweineschmalz in einer schweren Pfanne zerlassen. Die Hitze reduzieren, das Fleisch in die Pfanne geben und unter mehrmaligem Wenden in etwa 10 Minuten gleichmäßig anbraten. Die Lorbeerblätter unterrühren.

3 Die Chilipaste und das Tomatenmark einrühren und mitbraten (aber Vorsicht: nicht anbrennen lassen!). Die Rinderbrühe dazugießen, aufkochen und mindestens 1 Stunde köcheln lassen, bis die Sauce um die Hälfte eingekocht und das Fleisch weich ist. Mit Salz und Pfeffer würzen. Zu *al dente* gekochten Rigatoni oder Ziti (langen Hohlnudeln) servieren.

Lasagne mit Wildpilzen und Pesto

Lasagne al forno con funghi e pesto

Das wunderbar gehaltvolle Gericht ist typisch für die Toskana, Umbrien und die Marken, wo jede Menge Wildpilze wachsen und man immer noch frische Pasta mit Eiern herstellt. Statt der Wildpilze kann man auch Champignons verwenden, doch sollte man die aromatischeren braunen Egerlinge bevorzugen. Shiitakepilze eignen sich nicht – ihr Aroma harmoniert nicht mit den übrigen Zutaten.

FÜR 6 PERSONEN

FÜR DIE PILZSAUCE:

25 g getrocknete Steinpilze
900 g frische Wildpilze, etwa Steinpilze,
　　Maronen oder auch Wiesenchampignons
4 EL gutes Olivenöl
125 g Butter
1 mittelgroße Zwiebel, gehackt
4 Knoblauchzehen, gehackt
4 EL gehackte frische Petersilie
2–3 frische Thymianzweige, gehackt
300 ml Fleisch- oder Hühnerbrühe

FÜR DEN PESTO:

3 Knoblauchzehen, geschält
Salz
75 g Pinienkerne
75 g frische Basilikumblätter
250 ml gutes Olivenöl
75 g weiche Butter
Frisch gemahlener schwarzer Pfeffer
4 EL frisch geriebener Parmesan

AUSSERDEM:

1 Portion frischer Nudelteig (siehe Rezept
　　für Cannelloni, Seite 59)
Salz
Butter für die Form
Frisch geriebener Parmesan
Butterflöckchen

1 Für die Pilzsauce die getrockneten Steinpilze in einer kleinen Schüssel mit warmem Wasser bedecken, eine Untertasse darauf setzen und 20 Minuten einweichen. Die frischen Pilze putzen und in dünne Scheiben schneiden. Die eingeweichten Pilze abgießen, die Flüssigkeit auffangen, abseihen und beiseite stellen. Die Steinpilze leicht ausdrücken und grob hacken.

2 Die Hälfte des Olivenöls in einer großen Pfanne erhitzen, die Butter hinzufügen. Sobald diese zu schäumen beginnt, die Hälfte der frischen und getrockneten Pilze sowie der Zwiebel darin bei starker Hitze in 4–5 Minuten weich dünsten. Herausheben und mit den restlichen Pilzen ebenso verfahren. Alle Pilze zurück in die Pfanne geben. Knoblauch, Petersilie und Thymian untermischen und weitere 2 Minuten dünsten.

3 Die Brühe und die Einweichflüssigkeit der Steinpilze einrühren, zum Kochen bringen und bei starker Hitze 4–5 Minuten dickflüssig einkochen lassen. Beiseite stellen, abkühlen lassen.

4 Für den Pesto den Knoblauch mit etwas Salz und den Pinienkernen im Mörser zerreiben. Die Basilikumblätter portionsweise dazugeben und alles zu einer Paste zerreiben. Nach und nach das Olivenöl unterschlagen, bis eine cremige Masse entsteht. Die Butter unterschlagen, mit Pfeffer würzen. Zuletzt den Parmesan untermischen. Als Alternative alle Zutaten in einem Mixer oder einer Küchenmaschine zu einer cremigen Masse verarbeiten. In ein Schraubglas füllen und mit Olivenöl bedecken, damit keine Luft an den Pesto gelangt. Bis zum Gebrauch im Kühlschrank aufbewahren.

5 Den Nudelteig sehr dünn ausrollen, wie auf Seite 59 beschrieben. Teigplatten entsprechend der Größe der verwendeten Auflaufform ausschneiden und auf ein sauberes bemehltes Küchentuch legen. (So kann der Teig etwas antrocknen und klebt beim Kochen nicht zusammen.)

6 In einem großen Topf reichlich gesalzenes Wasser sprudelnd aufkochen, die Teigplatten portionsweise hineingeben. Sie sind gar, sobald das Wasser wieder zu sieden beginnt. Herausnehmen und über dem Rand eines Siebes abtropfen lassen.

7 Eine Auflaufform (25 × 30 cm, 5 cm hoch) einfetten, den Boden mit Teigplatten auslegen und diese mit Pesto bestreichen. Eine weitere Schicht Teigplatten darüber legen und einen Teil der Pilzsauce darauf verteilen. Diesen Vorgang wiederholen, bis alle Zutaten aufgebraucht sind. Mit einer Schicht Teigplatten abschließen. Diese mit Parmesan bestreuen und mit Butterflöckchen belegen. Ein passendes Stück Alufolie einfetten und darauf legen. Im vorgeheizten Backofen bei 180 °C (Umluft 160 °C) 20 Minuten backen, die Folie entfernen. In weiteren 20 Minuten goldbraun backen. Vor dem Servieren 10 Minuten ruhen lassen.

Spaghettini mit roher Tomatensauce

Spaghettini con salsa di pomodori cruda [V]

Mary Continis klassisches Rezept zeigt, wie man aus rohen Tomaten eine einfache, aber hoch aromatische Sauce zubereiten kann. Verwenden sollte man nur beste, sonnengereifte Tomaten. Durch die warme Pasta entfaltet sich dann ihr herrlicher Geschmack.

Ein sommerliches Gericht für schwül-heiße Tage: Seinen Geschmack verdankt es besten, süßen Tomaten, die unbedingt vollreif und leuchtend rot sein müssen. Erfreulicherweise werden inzwischen vielerorts italienische Strauchtomaten angeboten. Das Rezept stammt von der neapolitanischen Großmutter meines Ehemanns, der immer hervorragende San-Marzano-Tomaten zur Verfügung standen. In kühleren Regionen lässt man die Tomaten einige Tage auf einem sonnigen Fensterbrett ausreifen. MC

FÜR 4 – 6 PERSONEN

500 g vollreife, süße Tomaten
2 EL natives Olivenöl extra
1 ganz frische Knoblauchzehe, in dünne
    Scheiben geschnitten
1 Hand voll frische Basilikumblätter
Meersalz
Al dente gekochte Spaghettini
    zum Servieren

1 Die Tomaten einige Minuten in kochendem Wasser blanchieren, in kaltem Wasser abschrecken, enthäuten und die Stielansätze entfernen.
2 Die Tomaten grob hacken. Mit dem Olivenöl in ein sauberes Einmachglas füllen, den Knoblauch hinzufügen. Basilikum zerpflücken und ebenfalls zu den Tomaten geben. Salzen und alles gut vermischen. Das Glas verschließen und über Nacht in den Kühlschrank stellen.

3 Die inzwischen wunderbar aromatisierten Tomatenwürfel in einen Topf füllen und etwa 10 Minuten ganz leicht erwärmen oder 20 Minuten bei Raumtemperatur stehen lassen. Über die *al dente* gekochten, heißen Spaghettini anrichten und sofort servieren.

TIPP: Diese Sauce wird ohne Käse serviert, denn das frische Aroma von Tomaten und Basilikum schmeckt verführerisch genug.

URSULA FERRIGNO

Cannelloni mit Bohnen-Ricotta-Füllung

Cannelloni con fave e ricotta [V]

Ursula Ferrigno beschäftigt sich ausgiebig mit süditalienischen Speisen. Sie schätzt vor allem leichtere vegetarische Gerichte, und diese aromatischen Cannelloni sind ein gutes Beispiel dafür. Ursula zeigt außerdem eine einfache Zubereitungsart für die in Italien häufig verwendete Béchamelsauce.

FÜR 6 PERSONEN

FÜR DEN NUDELTEIG (MIT EI):

150 g Weizenmehl (Type 405)
150 g feiner Hartweizengrieß
1 Prise Salz
2 große Eier
1 EL Olivenöl

FÜR DIE FÜLLUNG:

1 kg Dicke Bohnen, gepalt
350 g Ricotta
100 g Pecorino romano, frisch gerieben
1 große Knoblauchzehe, zerdrückt
1 Hand voll frische Minze, gehackt
Salz und frisch gemahlener schwarzer Pfeffer

FÜR DIE BÉCHAMELSAUCE:

600 ml Milch
2 Zwiebelscheiben
1 getrocknetes Lorbeerblatt
1 Stück Macis (Muskatblüte)
3 Petersilienstängel, angedrückt
5 ganze schwarze Pfefferkörner
50 g Butter, 40 g Mehl
150 ml Weißwein
Salz und frisch gemahlener schwarzer Pfeffer

AUSSERDEM:

Frisch geriebener Pecorino romano zum
Bestreuen und Servieren

Dank der Dicken Bohnen und der Ricotta ist dieses Cannelloni-Gericht ganz besonders leicht. Es stammt aus der frischen und lebendigen Küche Süditaliens – einer Region, in die ich immer wieder gern zurückkehre. UF

1 Für den Nudelteig Mehl, Hartweizengrieß und Salz vermischen und auf die Arbeitsfläche häufen. Eine Mulde in die Mitte drücken, die Eier und das Olivenöl hineingeben und mit einer Gabel in der Mehlmulde verrühren. Nach und nach die Mehlmischung mit den Händen unterarbeiten, bis ein glatter Teig entsteht. Eine Kugel formen, mit Klarsichtfolie oder einem sauberen Küchentuch abdecken und 1 Stunde ruhen lassen.

2 Für die Füllung die Dicken Bohnen in etwa 10 Minuten weich kochen oder dämpfen. Abgießen und abkühlen lassen. Die Hälfte der abgekühlten Bohnen in der Küchenmaschine grob pürieren und in eine Schüssel füllen. Ricotta, Pecorino, Knoblauch, Minze, die restlichen Bohnen sowie Salz und Pfeffer nach Geschmack hinzufügen. Mit einem Holzlöffel alles gründlich vermischen.

3 Den Nudelteig so dünn wie möglich ausrollen und Quadrate von 8 cm Seitenlänge ausschneiden. Mit etwas Hartweizengrieß bestreuen und auf einem Holzbrett 10–15 Minuten antrocknen lassen. Den fast trockenen Teig in sprudelnd kochendem, gesalzenem Wasser *al dente* kochen, abseihen und auf einem sauberen Tuch abtropfen lassen.

4 Den Ofen auf 200 °C (Umluft 180 °C) vorheizen. Inzwischen für die Béchamelsauce Milch, Zwiebelscheiben, Lorbeerblatt, Macis, Petersilienstängel und Pfefferkörner in einen Topf füllen. Bei mittlerer bis schwacher Hitze gerade zum Kochen bringen, vom Herd nehmen und 8–10 Minuten ziehen lassen.

5 In einem zweiten Topf 30 Gramm Butter zerlassen und das Mehl darin 1 Minute anschwitzen. Vom Herd nehmen und die Milch durch ein Sieb dazugießen, dabei kräftig schlagen. Unter ständigem Schlagen zum Kochen bringen. Die restliche Butter und den Wein hinzufügen und 3 Minuten köcheln lassen. Mit Salz und Pfeffer abschmecken.

6 Für die Cannelloni die Teigplatten mit jeweils 1 Esslöffel Bohnenfüllung belegen und diese über die Länge der Teigplatte zu einem dicken Strang verteilen. Zylinderartig aufrollen. Eine ausreichend große Auflaufform mit der Hälfte der Béchamelsauce füllen. Die Cannelloni nebeneinander hineinlegen und die restliche Sauce darüber verteilen. Mit geriebenem Pecorino bestreuen und die Cannelloni im vorgeheizten Ofen 15–20 Minuten backen. Sofort servieren, dazu geriebenen Pecorino reichen.

Ravioli mit Käse-Kräuter-Füllung

Ravioli Caprese

Giuseppe Sylvestris Ravioli schmecken so wunderbar leicht, wie man es von der süditalienischen Küche erwartet, und sein Nudelteig ohne Eier ist ebenso einfach wie ungewöhnlich. Wer es bekommt, sollte das italienische Mehl *farina bianca 00* verwenden.

FÜR 6 PERSONEN

FÜR DEN NUDELTEIG (OHNE EI):

500 g Weizenmehl (Type 405)
1 Prise Salz
Etwa 175 ml lauwarmes Wasser
1 EL Olivenöl

FÜR DIE FÜLLUNG:

300 g Caciotta (halbfester Schnittkäse),
   gerieben, ersatzweise sehr junger
   Pecorino romano
100 g Parmesan, frisch gerieben
2 EL gehackter frischer Majoran
1 Ei
2 Eigelb
Salz und frisch gemahlener schwarzer Pfeffer

FÜR DIE TOMATENSAUCE:

2 EL Olivenöl
½ Zwiebel, gewürfelt
2 Schweinekoteletts oder Rippen vom Rind
500 g geschälte italienische Tomaten
   aus der Dose
12 frische Basilikumblätter

Ich fange meinen Kochunterricht stets mit der Erklärung an, dass die gute Küche mit guten Zutaten beginnt. Dieses klassische Gericht von meiner Heimatinsel Capri ist das beste Beispiel dafür. Auf den ersten Blick erscheint es sehr schlicht, doch die Verwendung frischer, nur allerbester Zutaten der Region, die auf traditionelle Weise zubereitet werden, macht es zu einem unvergesslichen Geschmackserlebnis. Der lockere Nudelteig ohne Eier wird von Hand ausgerollt. GS

1 Für den Nudelteig das Mehl mit dem Salz auf eine saubere Arbeitsfläche sieben und eine Mulde in die Mitte drücken. Das lauwarme Wasser und das Olivenöl hineingießen und alles mit den Händen zu einem elastischen Teig verarbeiten. Ist der Teig zu trocken, zusätzliches Wasser einarbeiten. Er sollte auf Druck elastisch nachgeben. Mit einem sauberen Küchentuch abdecken und an einem warmen Ort ruhen lassen.

2 Für die Füllung alle Zutaten vermischen. Mit Salz und Pfeffer abschmecken, beiseite stellen.

3 Den Nudelteig auf einer bemehlten Arbeitsfläche so dünn wie möglich mit einem Nudelholz ausrollen. Auf die Hälfte des Teigs im Abstand von 5 cm je 1 Teelöffel Füllung setzen. Die frei gelassene Teighälfte vorsichtig darüber klappen. Den Teig zwischen der Füllung festdrücken und darauf achten, dass keine Luftbläschen entstehen. Mit einer runden Ausstechform mit gewelltem Rand Ravioli ausstechen.

4 Für die Sauce das Öl in einem Topf erhitzen und die Zwiebel darin in 5 Minuten weich schwitzen. In der Zwischenzeit das Fleisch von den Knochen lösen und fein hacken. Das Fleisch zu der Zwiebel geben und goldbraun anbraten. Erst die Tomaten einrühren und zum Kochen bringen, dann das Basilikum hinzufügen. Bei schwacher Hitze 15 Minuten köcheln lassen. Die Sauce durch ein Sieb passieren und warm halten.

5 In einem großen Topf reichlich Salzwasser zum Kochen bringen und die Ravioli darin kochen. Sobald sie an die Oberfläche steigen, sind sie fertig. Mit einem Schaumlöffel herausheben, gut abtropfen lassen und mit der Sauce vermischen. Sofort auf vorgewärmten Tellern anrichten und servieren.

Maccheroni-Auberginen-Auflauf

Sformato di maccheroni e melanzane

Alvaro Maccione ist ein leidenschaftlicher, intuitiv arbeitender Koch mit einem großen Herzen. Der stolze Toskaner kocht auch gern Gerichte aus anderen Regionen Italiens. *Sformati* (Aufläufe oder Puddinge) und *timballi* (Becher- oder Füllpasteten) sind vor allem im südlichen Italien sehr beliebt. Maccheroni sind kurze Hohlnudeln, die glatt und gerillt im Handel angeboten werden. Wer sie nicht bekommt, kann auch die deutschen Makkaroni verwenden und diese vor dem Kochen in kurze Stücke brechen. Alvaro demonstriert die Arbeitsschritte mit großer Leichtigkeit.

FÜR 8 PERSONEN

3 große Auberginen
Olivenöl
50 g Butter
100 g Semmelbrösel
500 g Maccheroni
400 g Tomatensauce (siehe Rezept Seite 54)
150 g Parmesan, frisch gerieben
Salz und frisch gemahlener schwarzer Pfeffer
1 TL getrockneter Oregano
1 EL gehacktes frisches Basilikum

Ich bin mit einer Sizilianerin verheiratet und verbringe viel Zeit auf Sizilien, woher auch dieses Gericht stammt. Ein sformato *wird in einer Auflaufform gebacken und dann auf eine Platte gestürzt. Als Ersatz eignet sich auch eine Springform.* AM

1 Den Ofen auf 200 °C (Umluft 180 °C) vorheizen. Die Auberginen längs in Scheiben schneiden. Den Boden einer großen Pfanne mit Olivenöl bedecken und die Auberginenscheiben darin von beiden Seiten goldbraun braten. Eine Auflaufform mit hohem Rand gründlich mit Butter einfetten und dick mit Semmelbröseln ausstreuen.

2 Den Boden der Auflaufform und die Seiten so mit Auberginenscheiben auslegen, dass sie über den Rand hängen. Die restlichen Auberginenscheiben beiseite stellen.

3 Die Maccheroni nur knapp *al dente* kochen, abtropfen lassen. Mit der Tomatensauce und dem Parmesan vermischen. Mit Salz und Pfeffer abschmecken, Oregano und Basilikum untermischen.

4 Die Maccheronimischung in die Form füllen und die überhängenden Auberginen darüber klappen. Mit den übrigen Auberginenscheiben die Oberfläche vollständig bedecken.

5 Den Auflauf 25 Minuten im vorgeheizten Ofen backen. Herausnehmen und etwa 10 Minuten stehen lassen, damit sich die Aromen vermischen. Einen großen Teller oder eine Platte umgedreht auf die Form setzen und den Auflauf darauf stürzen. Er sollte sich leicht von Rand und Boden lösen. Sofort servieren.

TIPP: Auberginen gibt es in unterschiedlichen Formen. Für dieses Gericht eignen sich besonders die länglichen, die kleineren runden Auberginen verwendet man lieber für Salate.

FRANCO TARUSCHIO

„Lasagne" aus dem 18. Jahrhundert

Vincisgrassi

Franco Taruschios berühmtestes Gericht verlangt eine aufwendige Zubereitung, ist jedoch genau das Richtige für eine besondere Gelegenheit. (Statt der Steinpilze können Fleischesser auch Hühnerfleisch verwenden.)

FÜR 6 PERSONEN

FÜR DEN NUDELTEIG:

500 g Weizenmehl (Type 405)
2 Eier, zusätzlich 4 Eigelb
1 TL Salz

FÜR DIE SAUCE:

50 g Butter
50 g Mehl
1 ¼ l Milch, erwärmt
400 g frische Steinpilze, geputzt und in
    Scheiben geschnitten
4 EL natives Olivenöl extra
200 g Parmaschinken, in sehr schmale
    Streifen geschnitten
200 ml Sahne
3 EL fein gehackte frische Petersilie
Salz und frisch gemahlener schwarzer Pfeffer

AUSSERDEM:

100 g Butter
150 g Parmesan, frisch gerieben

Vincisgrassi ist eine Spezialität aus den Marken, wo ich geboren wurde. Genauer gesagt stammt sie aus Macerata, und es heißt, dass sie nach einem österreichischen General benannt wurde – Windischgraetz, der während des Napoleonfeldzugs 1799 mit seinen Truppen in Ancona stationiert war. Allerdings erwähnte Antonio Nebbia in seinem gastronomischen Handbuch von 1784 bereits ein ähnliches Gericht mit Namen Pincisgras. FT

1 Aus den angegebenen Zutaten einen Nudelteig herstellen, wie im Rezept für Cannelloni auf Seite 59 beschrieben, und gut verkneten. Mit einer Nudelmaschine wie für Lasagneblätter ausrollen und Quadrate von etwa 12,5 cm Seitenlänge ausschneiden. Portionsweise in reichlich kochendem Salzwasser knapp *al dente* kochen und auf einem Küchentuch abtropfen lassen.

2 Für die Sauce die Butter in einem Topf zerlassen. Das Mehl unter Rühren darin anschwitzen. Die warme Milch nach und nach hinzugießen und mit dem Schneebesen kräftig unterschlagen. Daneben die Steinpilze im Olivenöl braten und zu der Sauce geben. Den Parmaschinken unterrühren. Die Sahne und die Petersilie hinzufügen, mit Salz und Pfeffer würzen und die Sauce zum Kochen bringen. Vom Herd nehmen.

3 Eine Auflaufform mit Butter einfetten und den Boden mit einer Schicht Teigblätter auslegen. Darauf eine dünne Schicht Sauce gießen, mit Butterflöckchen belegen und mit geriebenem Parmesan bestreuen. Den Vorgang wiederholen, bis alle Zutaten aufgebraucht sind. Mit einer Schicht Sauce abschließen und diese mit Parmesan bestreuen.

4 Im vorgeheizten Ofen bei 220 °C (Umluft 200 °C) 20 Minuten backen. Herausnehmen und bis zum Servieren 10 Minuten stehen lassen. Mit etwas Trüffelöl beträufeln oder, falls erhältlich, dünn gehobelte weiße Trüffel darüber verteilen. Mit dem restlichen Parmesan bestreuen und servieren.

Spinatroulade

Rotolo di spinaci [V]

Fulvia Sesani ist berühmt für ihre selbst gemachte Pasta, die sie nur mit Eigelb herstellt. Alle großen Köche besitzen ihre ganz persönliche Zubereitungsmethode für diesen wichtigen Bestandteil der italienischen Küche, und genau diese besonderen Geheimnisse möchten wir von unseren Meisterköchen erfahren.

FÜR 8 PERSONEN

FÜR DEN NUDELTEIG:

Etwa 225 g Weizenmehl (Type 405), gesiebt
3 EL natives Olivenöl extra
3 EL trockener Weißwein
3 Eigelb
3–4 EL Wasser

FÜR DIE FÜLLUNG:

225 g frischer Spinat, blanchiert, in Eiswasser abgeschreckt und die Flüssigkeit ausgedrückt
225 g Ricotta
Salz

AUSSERDEM:

1 Eigelb zum Bestreichen der Pasta
4 EL zerlassene Butter
40 g Parmesan, frisch gerieben

Dies ist mein Rezept für Nudelteig – nur mit Eigelb, da der Teig durch Eiweiß meiner Meinung nach zu zäh wird. Öl verleiht ihm Elastizität und Wein Festigkeit. Auf Salz verzichte ich, damit die Pasta nicht zu feucht wird. FS

1 In der Küchenmaschine Mehl, Öl, Wein und Eigelb verrühren. Das Wasser löffelweise hinzufügen und rühren, bis eine krümelige Masse entsteht wie ein Couscous. Auf ein Backbrett schütten und zu einem elastischen Teig verkneten.

2 Mit der Nudelmaschine in 3 Portionen auf eine Größe von je 30 × 15 cm dünn ausrollen. Auf ein sauberes Küchentuch legen, die Längsseiten mit etwas Eigelb bestreichen und die Teigplatten so zusammenfügen, dass sich die Längsseiten um 1,25 cm überlappen und ein großes Rechteck von 85 × 45 cm entsteht.

3 Für die Füllung alle Zutaten in der Küchenmaschine pürieren und in einen Spritzbeutel ohne Tülle füllen.

4 Die Füllung auf der Teigfläche verteilen, die Ränder rundum jedoch frei lassen und mit Eigelb bestreichen. Die Pasta, an einer Schmalseite beginnend, mit Hilfe des Küchentuchs einrollen. Die Teigränder andrücken, damit die Füllung nicht austreten kann. Die Roulade in das Handtuch einwickeln und die Enden zubinden.

5 Wasser in einer länglichen Kasserolle zum Kochen bringen, salzen. Die Spinatroulade hineingleiten lassen, etwa 30 Minuten behutsam kochen. Herausheben und auf ein Backbrett setzen. Das Handtuch entfernen. Die Roulade in dicke Scheiben schneiden, auf einer Platte anrichten, mit zerlassener Butter beträufeln, mit Parmesan bestreuen und servieren.

Kichererbsenpasta mit Garnelen, Tomaten und Knoblauch

Pasta di ceci con gamberi, pomodori e aglio

Dieses Gericht kreierte ich, als ich in der Villa Ravidá in Menfi auf Sizilien unterrichtete, wo es inzwischen zu einer Lieblingsspeise wurde. Die Sizilianer verwenden Kichererbsenmehl fast ausschließlich für kleine Fladen, die panelle genannt werden. In Süditalien kennt man jedoch eine Art Kichererbsenpasta, die zu Fisch und Meeresfrüchten gereicht wird. Ich empfehle dazu eine Sauce mit allen Spezialitäten, die man in Menfi ganz frisch und von bester Qualität bekommt. Den feinen Nudelteig sollte man etwas dicker ausrollen als für gewöhnliche Tagliatelle und vorsichtig kochen.

FÜR 6 PERSONEN

FÜR DEN NUDELTEIG:

175 g Kichererbsenmehl

500 g Weizenmehl (Type 405 oder
 farina bianca 00)

1 TL Salz

5 große Eier

FÜR DIE SAUCE:

3 EL natives Olivenöl extra

4 Knoblauchzehen, fein gehackt

1 TL Chiliflocken

250 ml trockener Weißwein

500 g reife Tomaten, enthäutet, von den
 Stielansätzen befreit und gehackt

675 g kleine, rohe Garnelen in der Schale

4 EL fein gehackte glatte Petersilie

Salz und frisch gemahlener schwarzer Pfeffer

1 TL Zucker (nach Belieben)

1 Für den Nudelteig die Mehlsorten in eine Schüssel sieben und weiterverfahren, wie im Rezept für Cannelloni auf Seite 59 beschrieben. Den Teig mit der Nudelmaschine ausrollen und in Tagliatelle (feine Bandnudeln) schneiden. Zum Trocknen über eine Holzstange hängen.

2 In einem sehr großen Topf Wasser mit mindestens 1 Teelöffel Salz zum Kochen bringen. Für die Sauce das Öl in einem großen Topf erhitzen und den Knoblauch darin hellgolden braten. Die Chiliflocken und den Wein hinzufügen. Die Temperatur erhöhen und den Wein fast vollständig einkochen lassen. Die Tomaten einrühren und 1–2 Minuten kochen lassen.

Die Garnelen dazugeben, die Sauce wieder aufkochen und 2–3 Minuten köcheln lassen. Petersilie unterrühren, mit Salz, Pfeffer und Zucker abschmecken. Beiseite stellen.

3 Die Tagliatelle in das sprudelnd kochende Wasser gleiten lassen, vorsichtig mit einem Holzlöffel umrühren und stark erhitzen. Die Pasta ist gar, sobald das Wasser wieder zu kochen beginnt. Die Pasta abseihen, dabei 1 Schöpfkelle des heißen Wassers auffangen und zurück in den Topf gießen. Zuerst die Pasta untermichen, dann erst die Sauce; das Wasser bewirkt, dass die Sauce besser an der Pasta haftet. Sofort servieren.

ANNA TASCA LANZA

Pasta mit Sardinen und wildem Fenchel

Pasta con le sarde

Anna Tasca Lanza lehrt in ihrem Anwesen auf Sizilien die Kunst der sizilianischen Küche. Dieses Gericht gehört zu den wichtigsten regionalen Spezialitäten – eine ganz typische süßsäuerliche Geschmackskombination.

FÜR DIE PASTASAUCE:

1 Zwiebel, sehr fein gehackt

2 Knoblauchzehen, zerdrückt

200 ml Olivenöl

450 g wilder Fenchel, blanchiert, abgetropft und fein gehackt

3 eingesalzene Sardellen, abgespült und entgrätet

1 l dünnflüssige Tomatensauce

1 EL italienisches Tomatenmark (*estratto*), aufgelöst in:

125 ml Weißwein

125 g Korinthen

125 g Pinienkerne

Salz und Cayennepfeffer

450 g frische Sardinen, küchenfertig vorbereitet (siehe Seite 34)

ZUM BESTREUEN DER PASTA:

75 g Semmelbrösel

50 ml Olivenöl

2 EL Zucker

2 EL dünnflüssige Tomatensauce

1 Knoblauchzehe, zerdrückt

Salz

1 Prise Cayennepfeffer

125 g frische Petersilie, gehackt

AUSSERDEM:

800 g Bucati oder Bucatini (Hohlnudeln)

Salz

In der sizilianischen Küche wird wilder Fenchel auf tausenderlei verschiedene Arten verwendet, ist er doch eine unserer beliebtesten und traditionsreichsten Zutaten. Und er kostet nichts – man erntet ihn einfach irgendwo. Im Herbst legen wir die reifen Oliven in Salzlake ein und bedecken die Behälter vollständig mit den fein gefiederten Fenchelblättern. Mit Fenchelsamen verfeinern wir oft Brotteig, und auch unsere frische Schweinsbratwurst wird traditionell damit gewürzt. Pasta con le sarde *ist das sizilianische Nationalgericht, das ich hier in einer Variante eines viel versprechenden jungen Kochs namens Walter aus der Stadt Vallelunga in der Nähe von Regaleali vorstelle.* ATL

1 Für die Sauce die Zwiebel und den Knoblauch in dem Olivenöl goldgelb anbraten. Den Fenchel und die Sardellen dazugeben und die Sardellen mit einer Gabel fein zerdrücken. Die Tomatensauce und das in Weißwein verrührte Tomatenmark einrühren, die Korinthen, Pinienkerne, etwas Salz und Cayennepfeffer hinzufügen. Die Sauce etwa 30 Minuten köcheln lassen. Zuletzt die Sardinen einlegen und 10 Minuten mitgaren, sie zerfallen während des Garens.

2 Die Semmelbrösel in einer Pfanne rösten. Dabei das Olivenöl, Zucker, Tomatensauce, Knoblauch, Salz und Cayennepfeffer untermischen. Ständig rühren, damit die Semmelbrösel nicht verbrennen, sondern eine schöne goldbraune Farbe bekommen und kross werden. Mit Petersilie bestreuen und separat in einer Schüssel reichen.

3 Zum Garen der Pasta reichlich Wasser in einem großen Topf zum Kochen bringen und eine kräftige Prise Salz hinzufügen. Die Pasta hineingeben, umrühren und in etwa 8 Minuten etwas weicher als *al dente* kochen. Abseihen, 1–2 Schöpfkellen von dem heißen Kochwasser zurückbehalten. Die Hälfte der Sauce in den Topf füllen und die Pasta gleichmäßig untermischen. In einer Servierschüssel anrichten und die restliche Sauce darüber gießen. Die Sauce eventuell mit dem heißen Nudelwasser verdünnen. Das Gericht schmeckt noch aromatischer, wenn man es 5 Minuten stehen lässt. Mit den gerösteten Semmelbröseln servieren.

4

Risotto, Polenta und Gnocchi

Gebackene Polenta mit Pilzen und Käse

Polenta pasticciata [V]

Francesco Zanchetta präsentiert hier sein klassisches Polentagericht mit Wildpilzen und viel Käse, das im Ofen gebacken wird. Die berühmte Spezialität aus Maisgrieß muss lange garen und dabei viel gerührt werden. Anschließend gießt man sie auf ein Brett, lässt sie erkalten und fest werden, ehe man sie zum Braten oder Backen in Stücke schneidet.

FÜR 6 PERSONEN

1 l Wasser

Salz

300 g Maisgrieß (Polenta)

1 weiße Zwiebel, gehackt

3 EL Olivenöl

500 g verschiedene Wildpilze oder Steinpilze, geputzt, in Stücke geschnitten

Etwas Gemüse- oder Fleischbrühe

Frisch gemahlener schwarzer Pfeffer

3 EL gehackte frische Petersilie

200 g Taleggio (halbfester Schnittkäse), frisch gerieben

200 g Parmesan, frisch gerieben

200 g Fontina (halbharter Schnittkäse), frisch gerieben

50 g Butter, in Flöckchen

Polenta spielt in der norditalienischen Küche eine wichtige Rolle. Dieses Rezept eignet sich auch gut für übrig behaltene Polenta vom Vortag. FZ

1 Für die Polenta das Wasser aufkochen, salzen und unter Rühren den Maisgrieß einrieseln lassen. Bei schwacher Hitze 45 Minuten garen und dabei häufig rühren. Auf ein Holzbrett gießen, glatt streichen, erkalten und fest werden lassen.
2 Die Zwiebel in dem Olivenöl goldgelb anschwitzen. Die Pilze einige Zeit mitschwitzen, etwas Brühe dazugießen, salzen und pfeffern, die Petersilie unterrühren.

3 Die Polenta in 1,25 cm dicke Scheiben schneiden und die Hälfte nebeneinander auf ein gefettetes Backblech oder in eine Auflaufform legen. Die Hälfte der Pilze darauf verteilen. Mit dem Taleggio und 100 Gramm Parmesan bestreuen. Eine weitere Schicht Polenta einfüllen, darauf die restlichen Pilze, Fontina, übrigen Parmesan und die Butterflöckchen verteilen. Bei 180 °C 40 Minuten backen.

Gegrillte Polenta

Polenta alla griglia [V]

Maggie Beers Rezept für gegrillte Polenta ist etwas ungewöhnlich, denn für eine besonders reichhaltige Polenta verwendet sie Milch statt Wasser. Auf diese Weise kann man sie als Ersatz für Käse oder Sauce servieren.

In unserer Kochschule in der Toskana schneiden wir Polenta nicht in Stücke, so wie hier beschrieben, sondern grillen sie im Ganzen auf einem Holzkohlegrill. Erst zum Servieren wird sie aufgeschnitten. Gewöhnlich wird Polenta nicht mit Milch zubereitet, doch meiner Meinung nach verleiht ihr diese eine wunderbar cremige Konsistenz, die einen wunderbaren Gegensatz verleiht zu der beim Grillen entstehenden Kruste. MB

FÜR 6 PERSONEN

1 l Milch
700 ml Wasser
1 gehäufter TL Salz
350 g Maisgrieß (Polenta)
Frisch gemahlener schwarzer Pfeffer
50 g Butter, in Flöckchen (nach Belieben)
100 g Parmesan, frisch gerieben
  (nach Belieben)
3 EL Olivenöl zum Bestreichen

1 In einem Topf mit schwerem Boden Milch und Wasser zum Kochen bringen, salzen. Unter ständigem Rühren mit einem Holzlöffel nach und nach den Maisgrieß einrieseln lassen. Die Hitze reduzieren (langsames Garen verhindert, dass die Polenta bitter schmeckt) und ständig rühren, damit sich keine Haut bildet. Die fertige Polenta ist stark eingedickt und haftet nicht mehr an der Topfwand. Vom Herd nehmen, mit Pfeffer würzen. Butter und Parmesan einrühren – wer eine weniger kalorienreiche Polenta möchte, lässt den Parmesan weg –, die Polenta auf ein großes Backblech gießen und mit angefeuchteten Händen etwa 2,5 cm hoch verstreichen. Vollständig auskühlen lassen.

2 Den Backofen- oder einen Holzkohlegrill vorheizen. Die erkaltete Polenta nach Wunsch in Stücke schneiden und mit dem Olivenöl bestreichen.

3 Die Polentastücke auf ein leicht geöltes Blech oder den Grillrost legen und grillen. Sobald sich eine Kruste gebildet hat, können die Stücke (ohne Rückstände auf dem Blech oder Grillrost) gewendet werden, sodass sie von beiden Seiten eine goldbraune Farbe bekommen.

VARIANTE: GEGRILLTE POLENTA MIT GORGONZOLA
Die Polenta ohne Parmesan zubereiten und nach dem Erkalten runde Taler ausstechen. Diese mit Gorgonzolastücken belegen und grillen, bis der Käse zerläuft.

FRANCESCO ZANCHETTA

Gnocchi mit Backpflaumen in würziger Sauce

Gnocchi alle prugne [V]

Francesco Zanchetta ist ein Meisterkoch aus Trient, der mit Begeisterung nach mittelalterlichen Rezepten forscht und sie nachkocht – insbesondere aus dem Veneto und dem Norden Italiens. Diese mit Backpflaumen gefüllten Kartoffelgnocchi sind eines davon.

FÜR 6–8 PERSONEN

FÜR DIE GNOCCHI:
1 kg mehlig kochende Kartoffeln
   (eine Sorte mit gelbem Fleisch)
50 g Backpflaumen, entsteint und in Wasser
   eingeweicht
350 g Mehl
2 Eier
½ TL geriebene Muskatnuss
100 g Butter
Salz

FÜR DIE SAUCE:
2 EL Olivenöl
5 Schalotten, fein gehackt
100 g Walnusskerne, gehackt
1 Rosmarinzweig, fein gehackt
1 Thymianzweig, fein gehackt
Salz und frisch gemahlener schwarzer Pfeffer
4 EL süßer Weißwein

AUSSERDEM:
Mehl zum Bestauben
Frisch geriebener Pecorino romano zum
   Servieren

Ein typisches Gericht aus dem nördlichen Friaul. Es ist ebenso aromatisch wie ungewöhnlich und eine meiner Lieblingsspeisen. Man kann auch roh geriebene Kartoffeln verwenden, aber die traditionelle Zubereitung ist einfacher. FZ

1 Die Kartoffeln gründlich waschen, in einem Topf mit kaltem Wasser bedecken und aufkochen. Die Schale muss beim Kochen unbedingt unbeschädigt sein, damit die Kartoffeln nicht zu viel Wasser aufnehmen. Die Backpflaumen in kleine Stücke schneiden und beiseite stellen.
2 Für die Sauce das Olivenöl in einer Pfanne erhitzen und die Schalotten darin in etwa 5 Minuten weich schwitzen. Die Walnüsse, Rosmarin und Thymian unterrühren, salzen und pfeffern. Den Wein dazugießen, aufkochen und in etwa 1 Minute verdampfen lassen. Abkühlen lassen.
3 Die gegarten Kartoffeln abgießen und sofort pellen. In einer großen Schüssel fein zerstampfen. Mehl, Eier, Muskatnuss, die Butter und etwas Salz hinzufügen.

Alles schnell zu einer weichen Masse verkneten und in 4 Stücke teilen.
4 Die Arbeitsfläche mit Mehl bestauben und ein Stück der Kartoffelmasse zu einer 2,5 cm dicken Rolle formen. 1,25 cm große Stücke abschneiden, in jedes ein Stück Backpflaume drücken. Die Gnocchi in etwas Mehl rollen und auf ein Brett setzen. So die gesamte Masse verarbeiten.
5 Die Sauce erhitzen. Die Gnocchi portionsweise in reichlich kochendes Salzwasser einlegen und gar ziehen lassen, bis sie an die Oberfläche steigen. Nicht zu viele Gnocchi auf einmal garen, da sie sonst zusammenkleben. Abtropfen lassen, in der Sauce wenden und in einigen Minuten wieder heiß werden lassen. Mit geriebenem Pecorino servieren.

Spinat-Ricotta-Gnocchi mit Zitronensauce

Malfatti con limone [V]

Diese Gnocchi sind ganz besonders locker, vor allem wenn man sie mit schneeweißer, frischer Ricotta zubereitet, wie man sie in italienischen Feinkostgeschäften erhält. Malfatti bedeutet „schlecht geformt" – je weniger man die Masse bearbeitet, desto lockerer sind die Gnocchi, also dürfen sie ruhig seltsam geformt sein. Ricotta wird aus der Molke bereitet, die bei der Käseherstellung aus Kuh- oder Schafmilch zurückbleibt. Im Supermarkt bekommt man Ricotta aus pasteurisierter Kuhmilch. Auch wenn diese Gnocchi zu den leichten Speisen zählen, sie machen ordentlich satt!

FÜR 4 PERSONEN

675 g frischer Spinat, ersatzweise
   300 g tiefgekühlter Blattspinat,
   aufgetaut
25 g Butter
1 Schalotte, fein gehackt
Abgeriebene Schale von 1 unbehandelten
   Zitrone
150 g frische Ricotta, durch ein Sieb passiert
75 g Mehl
2 Eigelb
75 g Parmesan, frisch gerieben
Salz und frisch gemahlener schwarzer Pfeffer
Frisch geriebene Muskatnuss

FÜR DIE SAUCE:
2 unbehandelte Zitronen
175 g Butter
2 frische Lorbeerblätter
Salz und frisch gemahlener schwarzer Pfeffer

AUSSERDEM:
Frisch geriebener Parmesan zum Servieren

1 Die Stiele vom frischen Spinat entfernen, die Blätter mehrmals in kaltem Wasser waschen. Gut abtropfen lassen, in einen großen Topf füllen und kurz dünsten. Etwas abkühlen lassen, einen Großteil der Flüssigkeit ausdrücken, den Spinat grob hacken, beiseite stellen. Tiefkühlspinat ausdrücken, grob hacken.

2 Die Butter in einem Topf zerlassen und die Schalotte darin goldgelb anschwitzen. Den Spinat und die Zitronenschale untermischen und einige Minuten dünsten. In eine Schüssel geben.

3 Ricotta, Mehl, Eigelb und Parmesan gründlich untermischen. Mit Salz, Pfeffer und Muskatnuss abschmecken. Zum Festwerden zugedeckt einige Stunden (oder über Nacht) in den Kühlschrank stellen.

4 Für die Sauce die Zitronen waschen und mit einem Kartoffelschäler dünn schälen, ohne das bitter schmeckende weiße Innere daran. Den Saft von 1 Zitrone auspressen. Die Butter in einem kleinen Topf zerlassen. Zitronenschale und Lorbeerblätter hinzufügen. 2 Minuten schwach erhitzen, vom Herd nehmen und mindestens 1 Stunde (je länger, desto besser) durchziehen lassen.

5 Mit einem großen Teelöffel einzelne Portionen von der Gnocchimasse abnehmen und zügig zu kleinen Kugeln formen, sie müssen nicht gleichmäßig rund sein. Auf ein mit Mehl bestaubtes Küchentuch setzen.

6 Die aromatisierte Butter erhitzen und durch ein Sieb in einen anderen Topf gießen. Den Zitronensaft einrühren, zum Kochen bringen (Achtung, es spritzt!). Mit Salz und Pfeffer würzen. Warm halten. Ein Drittel der Sauce in eine vorgewärmte flache Servierschüssel gießen.

7 In einem großen Topf gesalzenes Wasser zum Kochen bringen. Alle Gnocchi auf einmal hineingeben und nach dem erneuten Aufkochen 2–3 Minuten gar ziehen lassen. Die Gnocchi sind gar, wenn sie an der Oberfläche schwimmen. Mit einem Schaumlöffel herausnehmen, gut abtropfen lassen und in der Servierschüssel anrichten. Mit der restlichen Zitronensauce begießen. Frisch geriebenen Parmesan dazu servieren.

Überbackene Gnocchi mit Pancetta, Parmesan und Salbei

Gnocchi alla romana con pancetta e salvia

In Italien gibt es viele verschiedene Arten von Gnocchi, meine Variante von Gnocchi alla romana *ist ganz besonders gehaltvoll. Die Gnocchi werden aus in Milch gegartem Hartweizengrieß, Käse und Salbei zubereitet.*

FÜR 4 PERSONEN

1 l Milch
250 g Hartweizengrieß
175 g Parmesan, frisch gerieben
125 g Butter
2 Eigelb, 1 TL Dijonsenf
2 EL gehackter frischer Salbei
3 EL gehackte frische Petersilie
Salz und frisch gemahlener schwarzer Pfeffer
150 g ungeräucherte Pancetta (durchwachsener Bauchspeck), in dünnen Scheiben
1 Hand voll frische Salbeiblätter

1 Die Milch in einen Topf gießen, den Hartweizengrieß einrieseln lassen. Langsam aufkochen, dabei ständig rühren, bis der Grieß nach etwa 10 Minuten eindickt.
2 Die Hälfte des Parmesan und der Butter, die Eigelbe, Senf und gehackte Kräuter unterrühren. Mit Salz und Pfeffer abschmecken. Ein Backblech mit Klarsichtfolie auslegen, die Masse 1½ cm hoch darauf streichen. Mit Klarsichtfolie abdecken, 2 Stunden abkühlen lassen.
3 Mit einer Ausstechform aus der Masse Dreiecke oder Kreise ausstechen.

4 Eine Auflaufform mit Butter einfetten. Übrig gebliebene Stücke der Grießmasse darin verteilen. Butterflöckchen, die Hälfte der Pancetta und etwas Parmesan darüber geben. Die ausgestochenen Gnocchi in einer Lage einschichten. Mit Butterflöckchen, der restlichen Pancetta und Salbeiblättern belegen. Den übrigen Parmesan darüber streuen.
5 Im vorgeheizten Ofen bei 230 °C (Umluft 210 °C) goldgelb und knusprig backen. Herausnehmen, 5 Minuten ruhen lassen. Servieren.

Risotto Mailänder Art

Risotto alla milanese

Der einfache, aber sehr delikate Risotto wird meist zu ossobuco *serviert. Falls möglich, sollten Sie Safranfäden verwenden, die dem Reis ein herrliches Aroma verleihen. Der Risotto wird traditionell mit Rindermark zubereitet, doch Butter eignet sich ebenso gut.*

FÜR 6 PERSONEN

50 g Rindermark, gewässert, gewürfelt
5 EL Butter
1 große Zwiebel, fein gehackt
500 g italienischer Risottoreis (Arborio, Carnaroli)
150 ml trockener Weißwein
1 Päckchen Safranfäden
1,5 l heiße Fleischbrühe
Salz und frisch gemahlener schwarzer Pfeffer
75 g Parmesan, frisch gerieben

1 Das Rindermark und die Hälfte der Butter in einer großen Pfanne langsam zerlassen. Die Zwiebel darin 10 Minuten bei schwacher Hitze anschwitzen, bis sie weich ist, aber keine Farbe angenommen hat. Den Reis unterrühren und glasig werden lassen. So lange rühren, bis die Reiskörner gleichmäßig mit dem zerlassenen Fett überzogen sind.
2 Mit dem Wein ablöschen und fast vollständig einkochen lassen. Die Safranfäden unterrühren.

3 Mit einer großen Kelle nach und nach die heiße Brühe dazugießen und jeweils so lange rühren, bis der Reis sie aufgesogen hat. Die gesamte Brühe auf diese Weise hinzufügen und den Risotto kochen, bis der Reis weich ist, aber noch Biss hat. (Je nach Reissorte dauert der Vorgang 15–20 Minuten.)
4 Mit Salz und Pfeffer abschmecken, die restliche Butter und den Parmesan unterrühren. Vor dem Servieren einige Minuten zugedeckt durchziehen lassen.

Rote-Bete-Risotto mit gegrilltem Radicchio und Fontina

Risotto di barbabietole con radicchio e Fontina alla griglia [V]

Ein ungewöhnlicher, aber sehr verführerischer Risotto, dem aromatische Rote Bete eine rosa Farbe verleiht. Der leicht bitter schmeckende gegrillte Radicchio und der geschmolzene Fontina harmonieren wunderbar damit.

FÜR 4 PERSONEN

2 kleine Köpfe Radicchio, längs halbiert

3 EL Olivenöl

125 g Butter

1 rote Zwiebel, gehackt

500 g rohe Rote Bete, in kleine Würfel geschnitten

500 g Risottoreis (Arborio)

2 EL Himbeeressig

Etwa 1 l heiße Gemüsebrühe

Salz und frisch gemahlener schwarzer Pfeffer

3 EL gehackte frische Petersilie

300 g Fontina (halbharter Schnittkäse), in dünne Scheiben geschnitten

1 Den Grill vorheizen. Die Radicchiohälften mit der Schnittseite nach oben auf den Grillrost legen und mit Olivenöl bestreichen. Unter den Grill schieben und 10–15 Minuten grillen, bis sie weich und leicht gebräunt sind. Herausnehmen und beiseite stellen.

2 Etwa 80 Gramm Butter in einem Topf zerlassen und die Zwiebel darin 10 Minuten weich schwitzen. Die Rote Bete hinzufügen und unter ständigem Rühren in etwa 10 Minuten weich garen. Den Reis einrühren, bis er gleichmäßig mit Butter überzogen ist und die einzelnen Körner glasig sind. Das dauert einige Minuten.

3 Den Essig unterrühren und einkochen lassen. Mit einer großen Schöpfkelle die heiße Brühe nach und nach hinzufügen und dabei ständig rühren, bis der Reis die Flüssigkeit jeweils aufgesogen hat. Nach etwa 20 Minuten sollte der Reis weich, aber noch bissfest sein und die Rote Bete schon leicht zerfallen. Die restliche Butter unterrühren.

4 Mit Salz und Pfeffer abschmecken, die Petersilie untermischen. In Portionsschüsseln oder tiefe Teller schöpfen und je 1 Radicchiohälfte darauf anrichten. Mit Fontinascheiben belegen, auf ein Blech setzen und den Käse unter dem Grill schmelzen.

Tintenfischrisotto

Risotto nero

Anna del Conte hat sich sehr intensiv mit der norditalienischen Küche auseinander gesetzt, und sie ist eine wahre Expertin italienischer Risotti und Reissorten. In diesem Rezept empfiehlt sie den Vialone nano, ein Rundkornreis, der sich durch einen besonders hohen Stärkegehalt auszeichnet. Diese Eigenschaft verleiht dem Risotto eine wunderbar sämige Konsistenz.

Dieses Gericht aus Venedig wird mit Sepien zubereitet, die die Venezianer sehr schätzen. Man verwendet auch die Tinte, um dem Risotto ein dunkle Farbe zu verleihen und um den Fischgeschmack zu intensivieren. Sepien bekommt man auch bei uns in guten Fischgeschäften zu kaufen. Die vor der Küste Venedigs gefangenen Exemplare sind meist sehr groß, etwa 450 g schwer, und sollten eher länger gegart (wie bei diesem Gericht) als gegrillt oder gebraten werden. Sie können auch andere Tintenfische verwenden, zum Beispiel Kalmare, die häufiger angeboten werden. Sie werden kürzer gegart und schmecken ähnlich wie Sepien, nur etwas milder. Man kann den Tintenfisch bis zu einem Tag im Voraus garen und bis zur Verwendung kalt stellen (vor der Zugabe jedoch erhitzen). In Venedig verwendet man für Risotto vorzugsweise die Reissorte Vialone Nano, aber der verbreitetere Arborio eignet sich ebenso. ADC

FÜR 4–5 PERSONEN

900 g küchenfertig vorbereitete Sepien
   (Gewicht nach der Vorbereitung)
3 EL Olivenöl
1 Zwiebel, fein gehackt
2 Knoblauchzehen, sehr fein gehackt
Salz
300 ml trockener Weißwein
1,5 l Gemüsebrühe oder heller Fischfond
75 g Butter
450 g Risottoreis, vorzugsweise
   Vialone nano
2 EL Weinbrand
2 EL frisch geriebener Parmesan
Frisch gemahlener schwarzer Pfeffer

1 Die Körperbeutel der Sepien in dünne, kurze Streifen, die Fangarme in kleine Stücke schneiden. Soll die Tinte verwendet werden, die Tintenbeutel aufstechen, Tinte auffangen und beiseite stellen.

2 Das Öl in einem Topf mit schwerem Boden erhitzen. Zwiebel und Knoblauch mit 1 Teelöffel Salz darin glasig schwitzen. Die Sepien hinzufügen und 10 Minuten bei schwacher Hitze braten, gelegentlich rühren. Die Hälfte des Weines dazugießen und die Sepien zugedeckt bei schwacher Hitze in mindestens 45 Minuten weich garen. Ab und zu umrühren und darauf achten, dass genügend Garflüssigkeit vorhanden ist. Falls nötig, etwas heißes Wasser nachgießen.

3 Die Brühe erhitzen und während der Zubereitung des Risottos schwach köcheln lassen. In einem großen, schweren Topf 40 Gramm Butter heiß werden lassen, den Reis einrühren und bei mittlerer Hitze in 1–1½ Minuten glasig werden lassen. Den restlichen Wein hinzugießen und unter Rühren 1 Minute einkochen lassen.

4 Mit einer Schöpfkelle nach und nach die heiße Brühe unter Rühren hinzufügen und jeweils einkochen lassen. Nach der Hälfte der Garzeit – Vialone nano braucht etwa 15 Minuten, Arborio etwas länger – die Sepien mit der Garflüssigkeit und die zurückbehaltene Tinte dazugeben. Alles sehr gut vermischen und weitergaren, bis der Reis weich, aber noch bissfest ist.

5 Kurz vor Ende der Garzeit den Weinbrand einrühren. Den Topf vom Herd nehmen und die restliche Butter, den Parmesan und reichlich Pfeffer untermischen. Den Risotto zugedeckt 1–2 Minuten stehen lassen, damit die Aromen sich entfalten können. Nochmals durchrühren und in einer vorgewärmten Servierschüssel anrichten. Sofort servieren.

TIPP: Bitten Sie Ihren Fischhändler, die Sepien für Sie vorzubereiten und Ihnen die Tintenbeutel intakt auszuhändigen. Die Tinte kann man auch gebrauchsfertig in kleinen Beutelchen kaufen. Für dieses Rezept benötigen Sie 2 Beutelchen: Die Tinte in eine Tasse mit heißem Wasser füllen und die Beutelchen mit etwas Wasser ausspülen.

CLAUDIA RODEN

Tiroler Speckknödel

Canederli tirolesi

Von Claudia Roden stammt dieses norditalienische Rezept für traditionelle Semmelknödel. Die ebenso schmackhaften wie sättigenden Knödel sollten früher den ersten Hunger stillen, damit nicht so viel Fleisch gegessen wurde.

In der Küche Südtirols wird sehr viel Weißbrot verwendet, so auch für diese Knödel. Sehr beliebt ist auch der gepökelte Räucherspeck für den Teig. Man isst ihn gern zum Frühstück oder als Vorspeise und braucht ihn zum Kochen. Die Knödel werden mit zerlassener Butter oder geriebenem Käse serviert oder sie ergeben die Einlage für eine herrliche Fleisch- oder Hühnerbrühe. Sie sind sehr groß und sättigend, darum genügen pro Person bereits ein bis zwei Knödel. Wie bei allen Knödelrezepten muss man das Mehl ein wenig nach dem Gefühl portionieren: Je nach den anderen Zutaten braucht man mal etwas mehr, mal etwas weniger. CR

FÜR 6 PERSONEN

Etwa 1,5 l helle Fleischbrühe
150 g Tiroler Räucherspeck, in einem Stück
3 Eier
250 ml Milch
250 g Weißbrot vom Vortag, grob geschnitten
1 EL klein geschnittener Schnittlauch
2 EL gehackte Petersilie
Salz und frisch gemahlener schwarzer Pfeffer
1 Prise frisch geriebene Muskatnuss
200 – 225 g Mehl

1 Die Brühe in einem großen Topf zum Kochen bringen, zudecken und die Hitze reduzieren. Den Speck in sehr kleine Würfel schneiden. Die Eier mit der Milch verschlagen. Brot, Speck, Schnittlauch, Petersilie, Salz, Pfeffer und Muskatnuss hinzufügen und alles vermischen.

2 So viel Mehl locker einarbeiten, dass der Teig zusammenhält, aber nicht zu trocken ist (einen Probeknödel formen und in der Brühe gar ziehen lassen, um die Konsistenz zu überprüfen). Den Teig noch einmal gut durchmischen. Mit angefeuchteten Händen Knödel formen, die etwas größer als ein Ei sind, und nebeneinander auf ein Brett setzen.

3 Die Knödel mit etwas Mehl bestauben und vorsichtig in die köchelnde Brühe gleiten lassen. In etwa 20 Minuten gar ziehen lassen, bis die Knödel an die Oberfläche steigen. Mit einem Schaumlöffel herausnehmen und in vorgewärmte Suppentassen legen. Die Brühe abseihen und darüber schöpfen. Servieren.

ANNA TASCA LANZA

Reisbällchen mit Fleischfüllung

Arancine di riso

Anna Tasca Lanza zeigt uns die Zubereitung dieser sizilianischen Nationalspeise, die man auf der Straße kaufen kann, etwa auf dem Weg zur Arbeit oder als Zwischenmahlzeit. Es gibt verschiedene Formen und Füllungen, doch klassisch ist die runde Form – wie kleine Orangen.

ERGIBT 8–12 STÜCK

FÜR DIE FÜLLUNG:

2 EL Olivenöl

Je 140 g Rinder- und Schweinefleisch, grob gehackt

1 Möhre, geschält und gewürfelt

1 Stange Bleichsellerie, klein geschnitten

1 Zwiebel, fein gehackt

450 ml dünnflüssige Tomatensauce

1 TL italienisches Tomatenmark (estratto)

FÜR DEN RISOTTO:

1 EL Butter, 2 EL Olivenöl

1 kleine Zwiebel

450 g Risottoreis (Arborio oder Carnaroli)

1 l Wasser

2 Gemüsebrühwürfel

4 Safranfäden

2 gehäufte EL frisch geriebener Parmesan

Salz und frisch gemahlener schwarzer Pfeffer

FÜR DEN TEIG:

2 EL Mehl

125 ml Wasser

2 Eier

1 Prise Salz

AUSSERDEM:

Semmelbrösel

Öl zum Ausbacken

Tomatensauce zum Servieren (nach Belieben)

Arancine oder Reisbällchen sind sehr beliebte sizilianische Straßensnacks, die alle Sizilianer auch gern selbst zubereiten. Safran, der auf Sizilien einst wild wuchs, sorgt für den klassischen Geschmack und die Farbe. Erst im Mittelalter fand dieses Gewürz seinen Weg in die Küchen der Mittelmeerländer und hinterließ deutliche Spuren – in Spanien in der Paella, in Frankreich in der Bouillabaisse und in Italien im risotto alla milanese, um nur einige zu nennen. Der einzige Ort in Italien, an dem Safran kommerziell angebaut wird, sind die Hügel der Provinz Aquila. Hier kultiviert man ihn seit dem 15. Jahrhundert, er gilt als der beste Safran der Welt. ATL

1 Die Füllung am Vortag zubereiten. Dafür das Olivenöl in einer Pfanne erhitzen und das Fleisch, Möhre, Sellerie und Zwiebel darin goldbraun braten. Tomatensauce und Tomatenmark unterrühren. Bei schwacher Hitze etwa 30 Minuten zu einer dicken Sauce einkochen lassen. Abkühlen lassen, kalt stellen.

2 Für den Risotto Butter und Olivenöl in einem Topf erhitzen und die Zwiebel darin weich schwitzen. Reis und Wasser unter Rühren hinzufügen, zudecken. Sobald das Wasser zu kochen beginnt, die Brühwürfel und den Safran unterrühren. Beginnt die Mischung wieder zu kochen, umrühren, zudecken und den Herd ausschalten. Nach 20 Minuten ist der Reis gar. Parmesan, Salz und Pfeffer unterrühren. Den Risotto auf eine Platte gießen, glatt streichen und abkühlen lassen.

3 Für den Teig, der dafür sorgt, dass die *arancine* beim Ausbacken nicht auseinander fallen, Mehl und Wasser in einer großen, weiten Schüssel vermischen. Darauf achten, dass keine Klümpchen entstehen. Die Eier nacheinander mit dem Schneebesen unterschlagen, das Salz untermischen. Einen tiefen Teller mit reichlich Semmelbröseln füllen und eine Schüssel mit kaltem Wasser bereit stellen.

4 Zum Formen der Reisbällchen die Hände in das kalte Wasser tauchen. 1 Esslöffel Risotto in die gerundete Handfläche setzen, ein Loch in die Mitte drücken und den Reis so formen, dass er rundum gleich dick ist. 1 Esslöffel Füllung in das Loch geben und die Hand und damit das Loch schließen. Falls nötig, mit zusätzlichem Risotto ein gleichmäßiges Bällchen formen, das nicht größer als eine kleine Orange sein sollte. Zum Formen die Hände immer wieder anfeuchten.

5 Die Reisbällchen nebeneinander in den Teig legen. Sind alle Bällchen geformt, diese rundum mit Teig bedecken. In den Semmelbröseln wälzen, gut fest drücken und auf ein Brett setzen.

6 So viel Öl in einer sehr großen, tiefen Pfanne erhitzen, dass die Bällchen zu ¾ ihrer Höhe darin liegen. Ein in Semmelbröseln gewälztes Teigbällchen hineingeben, um die Temperatur zu prüfen. Zischt der Teig, ist das Öl heiß genug. Die Reisbällchen in das heiße Öl legen. Mit einem Schaumlöffel etwas Öl über die Bällchen träufeln und diese nach einiger Zeit wenden, damit sie rundum goldbraun werden. Herausnehmen und auf Küchenpapier abtropfen lassen. Warm mit Tomatensauce (nach Belieben) verzehren.

CLAUDIO PECORARI

Kartoffelgnocchi

Gnocchi di patate [V]

Claudio Pecoraris Kartoffelgnocchi sind legendär. Der Meisterkoch stammt aus Trient, arbeitet jedoch in der ganzen Welt. Gnocchi hat er schon zubereitet, als er gerade alt genug war, um über den Küchentisch schauen zu können. Für die lockeren Gnocchi ist es wichtig, dass der Teig nicht zu stark bearbeitet wird. Arbeiten Sie darum so zügig wie möglich, dann werden Ihre Gnocchi ebenso luftig-leicht wie jene von Claudio. Benötigt werden unbedingt mehlig kochende Kartoffeln. Gnocchi stellt man in ganz Norditalien her, vor allem in Trient.

FÜR 6 PERSONEN

3 mittelgroße, mehlig kochende Kartoffeln
  mit der Schale
Salz
300 – 400 g Mehl
Frisch geriebene Muskatnuss
Frisch gemahlener schwarzer Pfeffer
2 Eier

Dies ist mein Grundrezept für Kartoffelgnocchi. Das Geheimnis für diese leichten Gnocchi liegt darin, nicht zu viele Eier oder Mehl oder Kartoffeln zu verarbeiten, sondern gerade so viel, dass die Mischung zusammenhält, aber locker bleibt. Gnocchi sollte man wie feines Gebäck formen. CP

1 Die ungeschälten Kartoffeln in einem mittelgroßen Topf mit kaltem Wasser bedecken. Das Wasser zum Kochen bringen und die Kartoffeln sehr weich kochen (mit einem Metallspieß testen). Für die Gnocchi Salzwasser in einem weiteren, großen Topf zum Kochen bringen.

2 Die Kartoffeln abgießen und noch heiß pellen. Durch ein grobes Sieb oder eine Kartoffelpresse auf eine saubere Arbeitsfläche drücken und die Masse 2,5 cm dick verstreichen, um die Wärme noch eine Zeit lang zu halten. Bei dünnerem Verstreichen kühlt die Masse zu rasch ab und wird körnig; wird sie zu dick verstrichen, gart sie weiter und wird speckig. Etwa die Hälfte des Mehls gleichmäßig darüber streuen, sodass die Kartoffelmasse nicht austrocknet. Mit Muskatnuss, Salz und Pfeffer würzen.

3 Ist die Masse lauwarm abgekühlt, die Eier mit den Fingern einarbeiten, dabei von den Seiten zur Mitte hin vorgehen, bis sich große Klumpen bilden. Ist der Teig zu feucht, weiteres Mehl einarbeiten (Sie werden wahrscheinlich nicht das ganze Mehl brauchen). Vorsichtig zu einem glatten Teig zusammendrücken. Eine Kugel formen.

4 Einen Teil des Teigs zu einer fingerdicken Rolle formen und mundgerechte Stücke abschneiden. Die erste Portion sofort in das kochende Wasser geben. Nicht rühren, da die Gnocchi von selbst an die Oberfläche steigen. Höchstens mit einem Holzlöffel an die Topfwand klopfen.

5 Die Gnocchi an der Oberfläche etwa weitere 2 Minuten gar ziehen lassen. Mit einem Schaumlöffel herausnehmen und auf einen Teller legen. Die restlichen Gnocchi ebenso zubereiten. Heiß und mit einer Beigabe nach Wunsch servieren, etwa mit zerlassener Butter, Wildragout (Hasenragout) oder Gulasch (siehe Seite 110 und 117).

5

Fisch
und
Meeresfrüchte

VALENTINA HARRIS

Thunfisch in der Papierhülle nach Dirnenart

Tuna puttanesca „in cartoccio"

Valentina Harris zeigt uns eine Methode, wie man Fisch mit einigen weiteren Zutaten im eigenen Saft dämpft. Diese Zubereitung eignet sich besonders gut für Thunfisch, denn zu lange gegart, kann er schnell zu trocken werden.

Für dieses Gericht wird Thunfisch in einer hoch aromatischen, schnell zubereiteten Sauce aus Süditalien gegart. Es heißt, dass sie von Huren in aller Eile zwischen zwei Kunden gekocht wurde. Beim Garen in der Papierhülle oder in cartoccio *hält die Sauce das Thunfischfleisch schön feucht. In Süditalien schneidet man sehr dünne Thunfischsteaks, deshalb ist es besonders wichtig, dass der Fisch keinesfalls zu trocken wird.* VH

FÜR 4 PERSONEN

8 EL natives Olivenöl extra

1 Knoblauchzehe

3 Sardellenfilets (eingesalzen oder in Öl aus der Dose, abgespült und trocken getupft)

1 EL in Salz eingelegte Kapern, abgespült, trocken getupft und gehackt

200 g gehackte italienische Tomaten aus der Dose

Salz und frisch gemahlener schwarzer Pfeffer

4 frische Thunfischsteaks, je 150 g

2 EL Mehl

4 EL trockener Weißwein

1 große Prise getrockneter Oregano

1 Hand voll schwarze Oliven, entsteint

Gekochte neue Kartoffeln, Olivenöl, gehackte glatte Petersilie und abgeriebene Schale von 1 unbehandelten Zitrone zum Servieren

1 Den Ofen auf 180 °C (Umluft 160 °C) vorheizen. In einer Pfanne 4 Esslöffel Öl erhitzen und den Knoblauch mit den Sardellen darin braten, bis diese zerfallen. Die Kapern, Tomaten sowie etwas Salz und Pfeffer unterrühren. Einige Minuten köcheln lassen, vom Herd nehmen.

2 Das restliche Öl in einer Pfanne erhitzen. Die Thunfischsteaks leicht im Mehl wälzen und von beiden Seiten je 2 Minuten anbraten. Den Wein hinzugießen und 1 Minute einkochen lassen.

3 Die Steaks jeweils auf ein großes, quadratisches Stück Backpapier legen. Oregano und Oliven unter die Tomatensauce rühren und den Fisch dick mit der Sauce bedecken. Das Backpapier um die Steaks zu einem Päckchen verschließen. Es sollte locker genug sein, damit sich der im Innern entstehende Dampf ausbreiten kann, doch dürfen weder Sauce noch Fisch austreten können.

4 Im Ofen 15 Minuten backen. Mit gekochten neuen Kartoffeln servieren, die mit Olivenöl besprenkelt und mit gehackter Petersilie sowie etwas abgeriebener Zitronenschale bestreut werden.

Kalmareintopf mit Tomaten und Erbsen

Calamari e piselli alla livornese

Alvaro Maccione ist ein hoch inspirierter Lehrer und Restaurantbesitzer, dessen Kenntnisse von allen kulinarischen Belangen der Toskana überwältigend sind. Hier demonstriert er eine Zubereitung für Kalmare, welche in ganz Italien sehr beliebt sind.

Mein Vater hatte entschieden, dass wir keinen Fisch essen sollten, der nicht wie ein Fisch aussah. Also aß ich Kalmare im Geheimen, wenn ich nicht zu Hause war. Diese Spezialität bekam ich bei meiner Tante Adrianna, wenn die Erbsen Saison hatten. Ich erntete sie immer in ihrem Garten, und sie waren so süß und zart, dass ich gleich ein paar aus der Schote aß. Den Eintopf kann man schon im Voraus zubereiten und bis zu zwei Tage im Kühlschrank aufbewahren. Vor dem Servieren langsam erwärmen. AM

FÜR 4–6 PERSONEN

3 EL Olivenöl

1½ EL fein gehackte Zwiebel

1–2 Knoblauchzehen, fein gehackt

1 EL fein gehackte Petersilie

175 g italienische Tomaten aus der Dose, grob gehackt, mit dem Saft

1 kg sehr kleine Kalmare, vom Händler vorbereitet

Salz und frisch gemahlener schwarzer Pfeffer

1 kg frische Erbsen, ersatzweise Tiefkühlerbsen, aufgetaut

1 Das Olivenöl in einer Kasserolle erhitzen und die Zwiebel bei mittlerer Hitze goldgelb anschwitzen. Den Knoblauch hinzufügen und mitschwitzen, bis er sich leicht verfärbt. Die Petersilie kurz unterrühren und die Tomaten gründlich unterrühren. Bei schwacher Hitze 10 Minuten köcheln lassen.

2 Die Körperbeutel der Kalmare in 2 bis 2,5 cm breite Ringe schneiden, die Fangarmringe halbieren. Alles in die Kasserolle geben, mit Salz und Pfeffer würzen, unterrühren und zugedeckt bei schwacher Hitze 30 Minuten köcheln lassen.

3 Werden frische Erbsen verwendet, diese nun hinzufügen. Zugedeckt etwa 20 Minuten weitergaren, bis die Kalmare weich sind. (Die Garzeit kann je nach Größe und Festigkeit der Kalmare jedoch erheblich variieren.) Lassen sich die Kalmare leicht mit einer Gabel einstechen, sind sie fertig gegart. Tiefkühlerbsen erst dazugeben, wenn die Kalmare fast weich sind, da sie nur eine kurze Garzeit haben. Den Eintopf mit Salz und Pfeffer abschmecken und heiß servieren.

Scampi nach Art der Betrüger

Scampi alla buzara

Fulvia Sesanis Rezept aus ihrer Heimat Veneto zeigt, wie man eine teure Zutat „verlängern" kann. Mit Semmelbröseln wird die Sauce gestreckt – eine beliebte Methode in ganz Italien.

FÜR 6–8 PERSONEN

125 ml natives Olivenöl extra
5 Knoblauchzehen
450 g Scampi (Kaisergranat), geschält
250 ml trockener Weißwein
450 ml Hühnerbrühe
1 TL scharfes Paprikapulver
8 EL trockene Semmelbrösel
2 EL fein gehackte Petersilie
Meersalz
Croûtons zum Servieren

Buzara bedeutet im venezianischen Dialekt „schwindeln, betrügen" und gab diesem Gericht seinen Namen, weil nur eine kleine Menge der recht teuren Scampi (Kaisergranat) dafür benötigt wird. Die Sauce verwendet man dagegen reichlich. Die Spezialität stammt von der Küste Istriens, das einst unter venezianischer Herrschaft stand. FS

1 Das Olivenöl in einer großen Pfanne erhitzen und den Knoblauch darin einige Minuten sein Aroma abgeben lassen. Herausnehmen, bevor er braun wird, und wegwerfen. Das Öl in der Pfanne belassen.
2 Die Scampi in dem aromatisierten Öl anbraten, bis sie mit dem Öl ganz überzogen sind.

3 Den Wein portionsweise hinzugießen und jeweils einkochen lassen. Die Brühe einfüllen, Paprikapulver und Semmelbrösel unterrühren. Die Temperatur erhöhen und die Sauce zum Kochen bringen. Bei wieder reduzierter Hitze 20 Minuten köcheln lassen. Die Petersilie und Salz hinzufügen. Mit Croûtons servieren.

Spaghetti mit Langustensauce

Spaghetti con salsa di aragostini

Diese Sauce wird ausschließlich aus den kleinen, süß schmeckenden Langusten zubereitet, die man an der Süd-West-Küste Siziliens in der Nähe von Agrigent und Selinunt findet. Das erste Mal habe ich sie im Ristorante da Vittorio in Porto Palo gegessen und genoss dazu einen himmlischen Ausblick über das glitzernde Meer. Statt der kleinen Langusten eignen sich auch Scampi oder Krebsschwänze.

FÜR 6 PERSONEN

Salz
3 kleine lebende Langusten, je 400 g
3 EL Olivenöl
2–3 Knoblauchzehen, gehackt
1 kräftige Prise zerdrückte getrocknete rote
  Chilischote
125 ml trockener Weißwein
2 EL gehackte frische Petersilie
Frisch gemahlener schwarzer Pfeffer
625 g Spaghetti, frisch gekocht

1 In einem großen Topf reichlich gesalzenes Wasser zum Kochen bringen. Eine Languste mit dem Kopf voraus rasch in das sprudelnd kochende Wasser einlegen und bei reduzierter Hitze 12 Minuten garen. Herausnehmen, abkühlen lassen, das Fleisch auslösen.

2 Die anderen beiden Langusten auf die gleiche Weise in dem sprudelnd kochenden Wasser töten, aber nur 2 Minuten garen. Die Tiere der Länge nach halbieren, Magensack und Darm entfernen, quer samt Kopf und Beinen in große Stücke schneiden.

3 Das Öl in einer Pfanne erhitzen. Knoblauch, Chili und die Langustenstücke hineingeben und einige Minuten braten. Den Wein hinzugießen und aufkochen. Das ausgelöste Langustenfleisch dazugeben und die Petersilie unterrühren. Salzen und pfeffern.

4 Mit den frisch gekochten Spaghetti vermischen. Die Langustenstücke mit den Fingern essen.

Gegrillte Schwertfischrouladen

Involtini di pesce spada

Die kleinen Rouladen sind eine Spezialität der Trattoria Stella in einer alten Gasse Palermos. Sie liegt in einem Innenhof, dicht bewachsen mit Bleiwurz und Jasmin – eine ruhige Zuflucht vor dem Lärm der Vespas und Piaggios. Die kleinen Rouladen können auf verschiedenste Art gefüllt werden. Zur Füllung passt etwa ein pikanter Käse, während die Brotbrösel für eine knusprige Kruste sorgen. Sehr gut harmonieren sie zu sarde alla beccaficu (siehe Rezept auf Seite 34) als Teil eines Hauptgangs.

FÜR 4 PERSONEN

750 g Schwertfisch, in 8 je 5 mm dicke
   Scheiben geschnitten

1 Knoblauchzehe, zerdrückt

1 EL gehackter frischer Salbei

2 getrocknete Lorbeerblätter, zerkrümelt

1 EL gehackter frischer Rosmarin

1 TL Chiliflocken

1 Kugel Mozzarella, fein zerkleinert

Salz und frisch gemahlener schwarzer Pfeffer

2 EL Olivenöl

6 trockene Scheiben Weißbrot, von der Rinde
   befreit, zu Bröseln gerieben

2 EL frisch geriebener Pecorino romano
   oder Parmesan

1 TL getrockneter Oregano

2 Eier, verquirlt

Etwa 16 frische Lorbeerblätter

2 Zitronen, in Spalten geschnitten

4 kleine rote Zwiebeln, in Spalten geschnitten

1 Einige Holzspieße mindestens 20 Minuten in kaltem Wasser einweichen.

2 Mit einem Nudelholz die Schwertfischscheiben zwischen Klarsichtfolie dünn ausrollen.

3 Knoblauch, Kräuter, Chiliflocken und Mozzarella vermischen. Die Mischung gleichmäßig auf den Schwertfischscheiben verteilen, mit Salz und Pfeffer würzen.

4 Jede einzelne Scheibe fest einrollen und mit einem Cocktailspieß fixieren. Die Rouladen gleichmäßig im Olivenöl wenden und 1 Stunde kalt stellen.

5 Die Brotbrösel, Käse und Oregano vermischen. Die Rouladen in dem verquirlten Ei wenden, dann in der Brotbröselmischung wälzen. Abwechselnd mit Lorbeerblättern, Zitronen- und Zwiebelspalten auf Holzspieße stecken.

6 Mit etwas Olivenöl beträufeln und unter einem Grill oder über Holzkohle von beiden Seiten je 2–3 Minuten grillen.

In der Salzkruste gebackener Fisch

Pesce al sale

Ein Gericht, das durch seine Einfachheit besticht. Lachsforelle, Lachs, Seebarsch, auch Roter Schnapper eignen sich für diese Zubereitung, bei der das Fleisch schön saftig und aromatisch bleibt, aber nicht salzig schmeckt. Auf Sizilien wird Salz auf traditionelle Weise durch Verdunstung gewonnen und sogar auf das Festland exportiert. Ich schätze es sehr, es ist ideal für diese Spezialität geeignet. Bei jedem Italienbesuch nehme ich mir kleine Mengen Meersalz mit nach Hause.

FÜR 8 PERSONEN

Öl für die Formen

2 Eiweiß

Etwa 2 kg Meersalz (je nach Größe der Fische)

2 ganze Fische, nicht geschuppt und nicht ausgenommen

3–4 Zweige Dill oder Fenchelgrün

1 Zwei große Auflaufformen oder tiefe Backbleche bereit stellen, in denen später die Fische reichlich Platz haben, ohne den Rand zu berühren. Dünn mit Öl ausstreichen.

2 Die Eiweiße mit 6 Esslöffeln Wasser leicht verschlagen und das Meersalz untermischen, dabei mit den Fingern arbeiten, so wie man Fett unter einen Teig reibt.

3 Den Boden der Formen mit einer 2,5 cm hohen Schicht Salz bedecken. Je 1 Fisch darauf legen, mit Dill oder Fenchel belegen und das übrige Salz dick darüber verteilen. (Die Schuppen schützen die Fische vor dem Salz, und da sie nicht ausgenommen werden, bleibt das Fleisch beim Backen schön saftig.)

4 Im vorgeheizten Ofen bei 190 °C (Umluft 170 °C) etwa 1 Stunde backen. Herausnehmen und 10 Minuten ruhen lassen. Die Salzkruste in einer Art Zeremonie am Tisch öffnen (dafür eventuell einen Hammer verwenden). Kräuter und Haut samt Schuppen haften an der Salzkruste und werden damit automatisch entfernt. Den Fisch zügig servieren.

Gefüllte Miesmuscheln nach Pistoia-Art

Muscoli ripieni alla pistoiese

Alvaro Macciones Rezept für Miesmuscheln erscheint vielleicht ein wenig kompliziert, doch die Methode ist sehr interessant und der Mühe wert, denn die Muscheln schmecken einfach wunderbar.

Die Toskana besitzt das längste Küstengebiet aller italienischen Provinzen, doch vielen ist ihr Reichtum an Fischgerichten nicht bekannt. Nirgendwo sonst in Italien gibt es so viele verschiedene Fischspeisen. Die toskanische Bezeichnung muscoli *ist von dem englischen Wort* mussels *(Miesmuscheln) abgeleitet, im übrigen Italien heißen sie* cozze. *Die Stadt Pistoia liegt in der Nähe von Bologna – daher die reichhaltige Füllung.* AM

FÜR 4 PERSONEN

1,25 kg lebende, sehr große Miesmuscheln
2 Knoblauchzehen, gehackt
1 EL gehackte frische Petersilie

FÜR DIE FÜLLUNG:

150 g salsicce (rohe italienische Schweinsbratwurst)
50 g Mortadella
1 Brötchen, die Kruste abgerieben
1 Knoblauchzehe, gehackt
1 TL gehackte frische Petersilie
1 Ei, verquirlt
Salz und frisch gemahlener schwarzer Pfeffer

FÜR DIE SAUCE:

3 EL Olivenöl
1 Zwiebel, gehackt
1 TL gehackte Petersilie
500 g frische, sonnengereifte Tomaten,
 enthäutet, von Stielansatz und Samen
 befreit und püriert
Salz und frisch gemahlener schwarzer Pfeffer

1 Den Ofen auf 180 °C (Umluft 160 °C) vorheizen. Die Muscheln abbürsten, entbarten und mehrmals sorgsam in frischem kaltem Wasser waschen. Muscheln, die sich bei Berührung nicht schließen, wegwerfen, sie können verdorben sein.

2 Die Muscheln mit dem Knoblauch und der Petersilie in einen Topf füllen und bei mittlerer Hitze im eigenen Saft dämpfen. Den Topf ab und zu rütteln. Die Muscheln herausnehmen, sobald sie sich geöffnet haben. Muscheln, die geschlossen bleiben, wegwerfen.

3 Inzwischen die salsicce und Mortadella in der Küchenmaschine fein zerkleinern. Das Brötchen in kaltem Wasser einweichen, ausdrücken und mit den Würsten sowie Knoblauch, Petersilie und Ei vermischen. Mit Salz und einer Prise schwarzen Pfeffer würzen.

4 Für die Sauce das Öl in einer Kasserolle erhitzen und die Zwiebel mit der Petersilie einige Minuten darin anschwitzen. Die pürierten Tomaten, Salz und etwas Pfeffer einrühren und etwa 20 Minuten köcheln lassen. Die Sauce in eine gefettete Auflaufform füllen.

5 Die Muscheln mit der Wurstmischung füllen und einzeln mit Küchengarn zubinden, sodass sie sich beim Garen nicht öffnen. In der Sauce verteilen. Im Ofen 20 Minuten backen. Das Küchengarn entfernen, die Muscheln anrichten und servieren.

Im Ofen geschmorter Wolfsbarsch auf Fenchel-Oliven-Bett

Branzino brasato al forno con finocchio e olive verde

Der delikate, fleischähnliche Geschmack des Wolfsbarschs passt bestens zu geschmortem Fenchel, Wein und Oliven. Dieses klassische Gericht wird in vielen Restaurants im Mittelmeerraum serviert. Auf einem Bett aus Fenchelscheiben und grünen Oliven wird der ganze Fisch geschmort. Dank dieser Zubereitung im Ganzen bleibt sein Fleisch schön saftig. Den gegarten Fisch hebt man vom Gemüsebett und entfernt die Haut, das Fleisch sollte sich leicht von der Mittelgräte lösen. Mit der Gräte gegarter Fisch schmeckt wesentlich aromatischer als ausgelöste Filets. Auf italienischen Fischmärkten werden kaum Fische ohne Kopf angeboten.

FÜR 4 PERSONEN

1 großer Wolfsbarsch oder Meerbrassen
   (1,25 kg), geschuppt und ausgenommen
Einige Zweige frisches Fenchelgrün
2 große Fenchelknollen
Salz
150 ml gutes Olivenöl
Saft von 1 Zitrone
1 EL getrockneter Oregano
3 EL gehackte frische Petersilie
Frisch gemahlener schwarzer Pfeffer
12 große grüne Oliven, entsteint
150 ml trockener Weißwein

1 Den Ofen auf 220 °C (Umluft 200 °C) vorheizen. Den Fisch innen und außen unter fließendem kaltem Wasser abspülen, mit Küchenpapier trockentupfen. Die Bauchhöhle mit Fenchelgrün füllen.

2 Die Fenchelknollen längs halbieren, von dem Keil im Innern befreien und in dicke Scheiben schneiden. In kochendem gesalzenem Wasser 5 Minuten blanchieren. Abgießen.

3 Das Öl mit Zitronensaft, Kräutern, Salz und Pfeffer in einer Schüssel verquirlen. Den Fenchel und die Oliven darin vermischen, sodass sie gleichmäßig überzogen sind. Das Gemüse in einer flachen Auflaufform ausbreiten, in der auch der Fisch Platz hat. Den Fisch auf das Fenchelbett legen. Eventuell übrige Ölmischung und den Wein darüber gießen.

4 Im Ofen 30 Minuten backen. Ausgetretenen Saft ab und zu über den Fisch träufeln. Den Ofen ausschalten und den Fisch bei geschlossener Ofentür noch 5 Minuten ruhen lassen. Sofort servieren oder nach Belieben auf Raumtemperatur abkühlen lassen.

Thunfisch-Carpaccio mit Kräuter-Dressing

Carpaccio di tonno con salmoriglio fresco

Carpaccio (aus Rindfleisch) wurde um 1950 von Giuseppe Cipriani in Harry's Bar in Venedig kreiert und nach dem Renaissancemaler Carpaccio benannt, der viel Rot und Weiß in seiner Farbpalette verwendete.

FÜR 4–6 PERSONEN

250 g ganz frisches Thunfischfilet
Saft von 3 Zitronen
150 ml natives Olivenöl extra
1 Knoblauchzehe, fein gehackt
1 EL abgespülte, gehackte Kapern in Salz
2 TL getrockneter Oregano
Salz und frisch gemahlener schwarzer Pfeffer
125 g Rucola
Frisch gehobelter Parmesan zum Servieren

1 Den Thunfisch parieren, dabei etwaige Haut und Knorpel wegschneiden. Den Fisch fest in Klarsichtfolie wickeln und etwa 1 Stunde ins Tiefkühlfach legen, sodass er gerade angefroren, aber noch nicht zu hart ist.

2 Inzwischen den Zitronensaft mit dem Olivenöl, Knoblauch, Kapern, Oregano, Salz und Pfeffer zu einem dickflüssigen Dressing verquirlen.

3 Den Thunfisch aus der Folie nehmen und mit einem sehr scharfen Messer mit dünner Klinge in ganz dünne Scheiben schneiden (wenn vorhanden, kann auch eine Brotmaschine eingesetzt werden). Die Scheiben auf vier Esstellern anrichten. Mit dem Dressing beträufeln. Mit Rucola garnieren und den Parmesan locker darüber verteilen.

Rote Meerbarbe mit cremiger Minzesauce

Triglie con salsa fredda di menta

Ein altes arabisches Gericht, das man in der Gegend um Palermo auch heute noch zubereitet. Die Verwendung von Minze und Brotbröseln ist typisch für diese Region. In Palermo kaufe ich meinen Fisch einmal in der Woche auf dem Capo- oder dem Vucciria-Markt.

FÜR 6 PERSONEN

50 g Brösel von altbackenem Weißbrot
3 EL Weißweinessig
3 EL gehackte frische Minze
3 EL gehackte frische Petersilie
1 EL in Salz eingelegte Kapern, abgespült
1 Ei, verquirlt
Je 2 TL Zucker und Sardellenpaste
Etwa 150 ml leichtes, fruchtiges Olivenöl
900 g kleine Rote Meerbarben, geschuppt, ausgenommen und entgrätet
Mehl, mit Salz und Pfeffer vermischt
Öl zum Braten
Zitronenspalten zum Servieren

1 Die Brotbrösel mit 2 Esslöffel Essig und etwas Wasser anfeuchten. Einige Minuten stehen lassen, dann die Feuchtigkeit gut ausdrücken.

2 Die Brösel mit der Minze, Petersilie, den Kapern, Ei, Zucker und der Sardellenpaste in der Küchenmaschine gleichmäßig pürieren.

3 Bei laufender Maschine in einem gleichmäßigen Strahl das Öl wie für Mayonnaise zulaufen lassen. Abschmecken und, falls nötig, den restlichen Essig unterrühren. Die Sauce sollte hellgrün sein und einen leicht süßsäuerlichen Geschmack haben. In eine Schale füllen und zudecken.

4 Die Meerbarben leicht im gewürzten Mehl wälzen, überschüssiges Mehl abschütteln. Die Fische im heißen Öl in etwa 3 Minuten auf jeder Seite goldbraun braten. Auf einer Platte mit den Zitronenspalten anrichten. Bei Raumtemperatur mit der kalten Sauce servieren.

FRANCESCO ZANCHETTA

Klippfischpüree

Baccalà mantecato

Francesco Zanchetta ist ein begabter Meisterkoch, der seine Rezepte mit großem Talent
vermitteln kann. Dieses Gericht und seine
Zubereitung sind unverzichtbarer Bestandteil
aller Bücher, die sich mit der Küche Italiens
beschäftigen. Denn Klippfisch, eingesalzener
und luftgetrockneter Kabeljau, wird überall
im Land, doch ganz besonders im Norden
verwendet. Es heißt, dass er erst durch den
Handel mit den Wikingern und später den
Normannen nach Italien gelangte, aber
inzwischen ist er längst ein Teil der kulinarischen Tradition Italiens.

FÜR 8 PERSONEN

500 g Klippfisch
500 ml Milch
1 Knoblauchzehe
2 EL gehackte frische Petersilie
Frisch gemahlener schwarzer Pfeffer
150 ml mildes Olivenöl

*Dies ist eins der besten Rezepte für Klippfisch, das ich kenne. Das
erste Mal probierte ich das Püree in Harry's Bar in Venedig. Zum
Glück arbeitete ich damals dort und konnte die Zubereitung
lernen. Diese Variante unterscheidet sich leicht vom Original-
rezept, da der Klippfisch, den man außerhalb Italiens bekommt,
nicht ganz dem italienischen entspricht.* FZ

1 Den Klippfisch 24 Stunden in kaltem Wasser wässern, das
Wasser mindestens viermal wechseln. Vor der weiteren Zubereitung ein Stück Fisch probieren, um zu testen, ob dieser nicht
noch zu salzig ist. Falls nötig, noch länger wässern.
2 Der nun weiche Fisch lässt sich leicht vorbereiten: den Klippfisch häuten, entgräten und in dünne Streifen zupfen oder
brechen, dabei am Faserverlauf des Fleischs orientieren. Nicht
mit dem Messer schneiden, da sich das Fleisch beim Pürieren
sonst nicht verbindet.
3 Mit der Milch in einen großen Topf füllen und so viel Wasser
zugießen, dass der Fisch vollständig bedeckt ist. Erhitzen und
½ Stunde köcheln lassen, dabei darauf achten, dass die Milch
nicht überkocht. Abgießen und in einen leistungsstarken Mixer
füllen (alternativ kann auch der Pürierstab verwendet werden).
Auf hoher Stufe etwa 1 Minute pürieren, bis der Fisch fein
zerkleinert ist und sich zu einer dicken Masse zu verbinden beginnt. Genau dann den Knoblauch, die Petersilie und etwas
Pfeffer hinzufügen, weiterpürieren und das Olivenöl in einem
dünnen Strahl wie für Mayonnaise zulaufen lassen.
4 Sobald das gesamte Öl aufgenommen ist, das Püree in eine
Schüssel füllen und servieren. Am besten schmeckt es auf
gegrillter Polenta (Rezept siehe Seite 72), aber man kann es
auch als Pastete auf *crostini* anrichten.

6

Wild
und Geflügel

Wildente mit Valesana-Sauce

Anitra con salsa alla Valesana

Fulvia Sesanis Rezept für diese ungewöhnliche süßsaure Sauce verdeutlicht die Vorliebe der Italiener für Geschmackskombinationen aus süßen und pikanten Elementen – vor allem bei Wild. Immer größerer Beliebtheit erfreuen sich in Italien auch Rezepte aus dem Mittelalter oder der Renaissance; und dieses Gericht zeigt, wie gern damals Gewürze und Früchte verwendet wurden. Dies gilt auch heute noch, insbesondere für Venetien.

FÜR 4 PERSONEN

2 küchenfertige Wildenten oder Stockenten
1 Zitrone
2 Lorbeerblätter
Salz und frisch gemahlener schwarzer Pfeffer
50 g weiche Butter

FÜR DIE SAUCE:

3 EL Butter
2 EL natives Olivenöl extra
1 kleine Zwiebel, fein gehackt
100 g eingesalzene Sardellen, gewässert,
   abgespült und entgrätet
75 g Sultaninen, 2 Stunden in lauwarmem
   Wasser eingeweicht
1 großer Tafelapfel, geschält, entkernt und
   fein gehackt
50 g Pinienkerne
75 g Zucker
125 ml Weißweinessig
125 ml trockener Weißwein
1 TL Dijonsenf
Salz und frisch gemahlener schwarzer Pfeffer

Die Zutaten für diese Sauce rufen die Geschichte Venedigs in Erinnerung, den Handel mit Byzanz sowie die Eroberungen östlicher Gebiete. Im Winter hält sich im Sumpfland der Lagune eine Vielzahl von Zug- und Wandervögeln auf, ganz besonders auch Wildenten, die im venezianischen Dialekt osele *heißen, was einfach „Vögel" bedeutet. Während der Jagdsaison begegnet man vielen enthusiastischen Jägern, die sie von ihren* botti *aus schießen – halb im Wasser verborgenen Verstecken. Hemingway liebte diese Art des Jagens, und während seiner Aufenthalte auf der Insel Torcello schoss er viele Enten. Das Fleisch dieser Enten hat einen intensiven Wildgeschmack, der durch die pikante Valesana-Sauce ein wenig abgemildert wird.*

Zu Zeiten der „Serenissima" (der Republik Venedig) erhielten die Mitglieder des Großen Konzils vom Dogen stets osele *als Weihnachtsgeschenk. Später, als es nicht mehr genügend Wildenten für alle Mitglieder gab, bekamen sie als Ersatz Gold- und Silbermünzen, die den Kopf des Dogen zeigten. Der Brauch blieb bis zum Untergang der Republik bestehen, und heute werden die inzwischen sehr seltenen Ersatz-*osele *von Münzsammlern hoch geschätzt.* FS

1 Den Ofen auf 200 °C (Umluft 180 °C) vorheizen. Die Enten unter fließendem kaltem Wasser von innen und außen abspülen und mit Küchenpapier trockentupfen. Die Zitrone halbieren und mit der Schnittseite die Enten von außen abreiben. Je 1 Zitronenhälfte und 1 Lorbeerblatt in die Bauchöffnung der Enten stecken. Mit Salz und Pfeffer würzen.

2 Die Brüste und Keulen der Enten mit der Butter bestreichen und die Vögel auf einem Rost in die Fettpfanne setzen. In den Ofen schieben und 40 Minuten braten.

3 In der Zwischenzeit für die Sauce in einer mittelgroßen Pfanne die Butter mit dem Öl erhitzen. Ist die Butter zerlaufen, die Zwiebel darin 5 Minuten anschwitzen. Die Sardellen hinzufügen und unter Rühren schwach erhitzen, bis sie zerfallen.

4 Erst die abgetropften Sultaninen, dann den Apfel sowie die Pinienkerne und den Zucker hinzufügen. Alles vermischen und dabei nach und nach den Essig und den Weißwein dazugießen. Bei schwacher Hitze etwa 20 Minuten köcheln lassen, bis die Mischung um ein Drittel eingekocht ist. Die Pfanne vom Herd nehmen und die Mischung leicht abkühlen lassen, den Senf unterrühren. Mit Salz und Pfeffer abschmecken. In eine Sauciere füllen. Warm oder von Raumtemperatur servieren.

5 Die Enten aus dem Ofen nehmen, zudecken und 10–15 Minuten an einem warmen Ort ruhen lassen. Das Fleisch wird dadurch zarter und saftiger. Die Enten mit der Valesana-Sauce servieren.

Geschmorte gefüllte Tauben

Piccione ripieni in umido

Giuliano Bugialli präsentiert ein herbstliches Gericht, das in den waldreichen Regionen Norditaliens sehr beliebt ist. Die im Handel angebotenen Zuchttauben sind meist jünger als sieben Monate. Ihr Fleisch ist zarter und milder als das von Wildtauben, besitzt aber dennoch einen ausgeprägten Geschmack. Es sollte entweder kurz gegrillt oder lange geschmort werden.

FÜR 8 PERSONEN

4 küchenfertige Zuchttauben
1 kleine Möhre, geschält
1 kleine Stange Bleichsellerie
1 mittelgroße rote Zwiebel, geschält
2 frische Salbeiblätter
50 g getrocknete Steinpilze
50 ml Olivenöl
1 EL Butter
125 ml trockener Rotwein
250 ml italienische Tomaten aus der Dose,
   abgetropft
2 EL Tomatenmark
Salz und frisch gemahlener schwarzer Pfeffer
250 ml heiße Hühnerbrühe, selbst zubereitet
Grobes Meersalz
900 g mehlig kochende Kartoffeln
Etwas Selleriegrün zum Garnieren

FÜR DIE FÜLLUNG:

2 rohe italienische Schweinsbratwürste (ohne
   Fenchelsamen), ersatzweise 175 g Hackfleisch vom Schwein
2 Scheiben Weißbrot, Rinde entfernt
100 g Hackfleisch vom Kalb
Salz und frisch gemahlener schwarzer Pfeffer

In Italien wird Taube nicht selten als Hauptgang gereicht, aber auch als Füllung für Pasta und zum Aromatisieren von Saucen verwendet. Durch das Garen in Rotwein mit getrockneten Steinpilzen entwickelt sich der intensive Geschmack des dunklen Fleisches besonders gut. Für dieses Gericht werden die Kartoffeln durch ein Sieb passiert, um die gehaltvolle Sauce und die Füllung besser aufzunehmen. GB

1 Die Tauben gründlich abspülen und mit Küchenpapier trockentupfen. Überschüssiges Fett von der Bauchöffnung wegschneiden.

2 Für die Füllung die Würste von der Haut befreien und das Brät in eine Glasschüssel füllen. Das Brot in einer Schüssel mit kaltem Wasser bedecken, 2 Minuten einweichen, ausdrücken und zu der Wurstmasse geben. Das Hackfleisch, Salz und Pfeffer dazugeben und mit einem Holzlöffel gleichmäßig untermischen. Die Tauben mit je ¼ der Mischung füllen, die Bauchöffnungen mit Küchengarn zunähen. Die Keulen und Flügel mit Küchengarn zusammenbinden.

3 Möhre, Bleichsellerie, Zwiebel und die Salbeiblätter fein hacken. Die Steinpilze in 450 Milliliter lauwarmem Wasser ½ Stunde einweichen.

4 Öl und Butter in einer Kasserolle bei mittlerer Temperatur erhitzen. Sobald die Butter geschmolzen ist, das gehackte Gemüse mit dem Salbei 5 Minuten darin anschwitzen. Die Tauben hineinlegen und etwa 5 Minuten rundum goldbraun anbraten. Den Wein dazugießen und bei schwacher Hitze in etwa 15 Minuten einkochen lassen.

5 In der Zwischenzeit in einem großen Topf 2 Liter kaltes Wasser stark erhitzen.

6 Die Tomaten durch ein feines Sieb in eine kleine Schüssel passieren und mit dem Tomatenmark vermischen. Die Mischung in die Kasserolle füllen und alles 5 Minuten köcheln lassen.

7 Die eingeweichten Pilze abgießen, das Einweichwasser dabei auffangen. Überprüfen, ob die Pilze frei von Sand und Erde sind. Die Pilze in die Kasserolle rühren, mit Salz und Pfeffer abschmecken. Zugedeckt etwa 25 Minuten schmoren, bis die Tauben weich sind. Bei Bedarf ab und zu heiße Hühnerbrühe aufgießen. Das Einweichwasser der Pilze durch ein sauberes Küchentuch oder einige Schichten Küchenpapier abseihen, um etwaigen Sand herauszufiltern.

8 Beginnt das Wasser zu kochen, das Einweichwasser der Pilze und Meersalz hinzufügen. Die Kartoffeln schälen, in das kochende Wasser einlegen und 20–30 Minuten kochen, sodass sie noch leicht fest sind. Kartoffeln und Tauben sollten etwa zur gleichen Zeit fertig sein.

9 Die gegarten heißen Kartoffeln zügig durch ein grobes Sieb streichen, und zwar direkt auf eine große, vorgewärmte Servierplatte. Die Sauce von den Tauben darüber gießen.

10 Die Tauben vom Küchengarn befreien und in der Mitte der Platte auf den Kartoffeln anrichten (Tauben erst bei Tisch halbieren). Das Selleriegrün zwischen den Tauben verteilen und die Tauben sofort zu Tisch bringen.

Wildschweinkotelett mit süßsaurer Sauce

Costolette di cinghiale in agro dolce

Franco Taruschio wurde in den Marken geboren, einer Region Italiens mit großem Wildvorkommen. Dieses ungewöhnliche Rezept für Wildschwein geht zurück auf die italienische Küche der Renaissance und des Mittelalters und kombiniert süße und saure Aromen sowie Schokolade. Wer kein Wildschwein bekommt, kann Schweinekoteletts verwenden. Das Ergebnis ist auf jeden Fall ein unglaubliches Geschmackserlebnis.

Unser Restaurant, The Walnut Tree, liegt mitten auf dem Land im Herzen von Wales. Da unsere Köche auf dem Land leben, behandeln sie das Fleisch, das sie zubereiten, mit großem Respekt. Sie haben die Tiere auf den uns umgebenden Feldern erlebt, kennen die Erzählungen von Bauern, die Nächte in den Schafställen oder auf den Feldern bei Eiseskälte verbracht haben, um die Lämmer auf die Welt zu bringen. Wir ermutigen unsere Köche auch, die Höfe zu besuchen, damit sie ein Gefühl und Verständnis für das Produkt Fleisch entwickeln können. Sie sollen begreifen, dass Fleisch im Grunde nichts mit den gleichmäßig in Plastik verpackten Portionen zu tun hat, die man im Handel bekommt. Das gilt natürlich auch für Wildschwein. In Italien leben die Tiere noch wild und sind bei Jägern sehr beliebt. Bei uns werden sie für den Handel meist gezüchtet. Das Fleisch, vielerorts bei guten Metzgern erhältlich, schmeckt sehr aromatisch und die knusprig gebratene Schwarte ist geradezu delikat. Dieses spezielle Gericht haben wir schon oft in unserem Restaurant serviert. FT

FÜR 4 PERSONEN

4 Wildschweinkoteletts, ersatzweise
   Schweinekoteletts, die jedoch nicht das
   Wildaroma besitzen
Salz und frisch gemahlener schwarzer Pfeffer
Etwas Olivenöl
1 EL fein gehacktes Zitronat oder gehackte
   unbehandelte Zitronenschale
25 g Pinienkerne

FÜR DIE SAUCE:
8 EL Zucker
8 frische oder 4 getrocknete Lorbeerblätter
475 ml Rotweinessig
175 g Sultaninen
175 g Zartbitterschokolade, in kleine Stücke
   gebrochen
1 Prise frisch geriebene Muskatnuss
175 g Trockenpflaumen

1 Für die Sauce Zucker, Lorbeerblätter und Essig in einem Topf schwach erhitzen und so lange rühren, bis sich der Zucker aufgelöst hat. Bei starker Hitze 2–3 Minuten kochen lassen, bis die Sauce zu einem hellen Sirup eingekocht ist. Die Hitze reduzieren. Sultaninen, Schokolade und Muskatnuss hinzufügen und vorsichtig rühren, bis die Schokolade geschmolzen ist. Die Trockenpflaumen entsteinen und dazugeben. Die Sauce warm halten.

2 Die Koteletts mit Salz und Pfeffer würzen. In einer Pfanne das Olivenöl erhitzen und die Koteletts darin von jeder Seite je nach Dicke etwa 4 Minuten braten, sodass sie gerade eben durchgebraten sind. An einem warmen Ort 5 Minuten ruhen lassen.

3 Zum Servieren die Koteletts auf einer vorgewärmten Platte anrichten, mit der Sauce begießen und mit dem Zitronat und den Pinienkernen bestreuen.

VALENTINA HARRIS

Putenrouladen mit Dicken Bohnen

Involtini di tacchino con fave

Valentina Harris demonstriert, wie man Schnitzel aus Putenfleisch vorbereitet, um sie mit einer Füllung aus Bohnen-Pecorino-Püree zu Rouladen zu formen. Zusammengebunden werden die Rouladen mit blanchiertem Frühlingszwiebelgrün, doch kann man zum Fixieren auch Cocktailspießchen verwenden.

FÜR 4 PERSONEN

600 g frische Dicke Bohnen, gepalt
6 Frühlingszwiebeln
3 Zweige frischer Majoran, gehackt
7 EL natives Olivenöl extra
Salz
4 EL trockener Weißwein
2 EL frisch geriebener aromatischer
  Pecorino romano
Frisch geriebene Muskatnuss
Frisch gemahlener schwarzer Pfeffer
8 Putenschnitzel

Kalbfleisch von guter Qualität aus artgerechter Tierhaltung wird in Italien immer seltener angeboten, und so erfreuen sich Schnitzel aus Putenfleisch hier bereits großer Beliebtheit. Putenfleisch, obwohl vor allem eine amerikanische Spezialität, wird inzwischen in ganz Italien gern gegessen. Frische Dicke Bohnen mit ihrer schönen grünen Farbe und reifer Pecorino romano ergeben die ideale Füllung für diese Rouladen. VH

1 Zum Enthäuten der Bohnen in einem Topf Wasser zum Kochen bringen. Die Bohnen hineingeben, 1 Minute kochen lassen, abgießen und in kaltem Wasser abschrecken. Die Bohnenkerne mit den Fingern aus der Haut drücken.

2 Von den Frühlingszwiebeln die Zwiebeln abschneiden. 2 davon hacken und mit dem Majoran in 4 Esslöffel Olivenöl anschwitzen. Die Bohnen hinzufügen und sorgfältig unter die Zwiebelmischung rühren. Salzen, den Wein hinzugießen und zugedeckt 20 Minuten köcheln lassen.

3 Die Bohnenmischung halbieren. Eine Hälfte mit dem Käse in der Küchenmaschine zu Püree verarbeiten. Kräftig mit Muskatnuss, Salz und Pfeffer würzen.

4 Die Putenschnitzel zwischen zwei Lagen Klarsichtfolie legen und mit dem Nudelholz vorsichtig flach drücken, sodass dünne Scheiben entstehen. Eventuell in Form schneiden. Die Schnitzel gleichmäßig mit dem Püree bestreichen und zu Rouladen rollen.

5 Das Grün der Frühlingszwiebeln 2 Minuten in kochendem Wasser blanchieren, abgießen und kalt abschrecken. Das Grün längs halbieren und die Rouladen damit zusammenbinden.

6 Das restliche Öl in einer großen Pfanne erhitzen. Die übrig behaltenen Zwiebeln fein hacken und kurz anschwitzen. Die Rouladen im Öl rundum anbraten. Die zweite Hälfte der Bohnen und eventuell übriges Bohnenpüree dazugeben und etwas Wasser hinzugießen. Zugedeckt bei schwacher Hitze 20 Minuten köcheln lassen. Mit Kartoffelpüree servieren.

Zitronen-Chili-Huhn

Pollo al limone peperoncini

In Zitronensaft mariniertes Hühnerfleisch wird wunderbar zart und aromatisch, insbesondere mit sonnengereiften Früchten sowie frischem, jungem Knoblauch und feurigen Chiliflocken. In der Villa Ravidà gehört dieses Huhn zu den Standardgerichten. Wir lassen es den ganzen Tag in der Marinade, entfachen dann einen großen Holzkohlegrill im Freien und grillen es über Olivenholz und Holzkohle. Im Sommer werden viele Gerichte auf dem Grill zubereitet, denn es ist viel zu heiß, um im Haus zu bleiben.

FÜR 4 PERSONEN

1 küchenfertiges Huhn (1,75 kg)

4 voll ausgereifte, saftige unbehandelte
   Zitronen, halbiert

8 frische Knoblauchzehen

1 kleine rote Chilischote, von Samen,
   Scheidewänden und Stielansatz befreit
   und gehackt

2 EL Orangenblütenhonig

4 EL gehackte Petersilie

Salz und frisch gemahlener schwarzer Pfeffer

1 Das Huhn in 8 Stücke zerlegen und in eine flache Auflaufform legen.

2 Die Zitronen auspressen und den Saft in eine kleine Schüssel gießen. Die Zitronenhälften aufbewahren.

3 Von den Knoblauchzehen 2 schälen, zerdrücken und mit der Chilischote und dem Honig unter den Zitronensaft rühren. Die Marinade über die Hühnerteile gießen und die Zitronenhälften dazwischen stecken. Zugedeckt mindestens 2 Stunden oder über Nacht marinieren lassen. Zwischendurch einmal wenden.

4 Die Zitronenhälften entfernen und wegwerfen. Die Hühnerteile mit der Haut nach oben drehen, den übrigen Knoblauch darüber verteilen. Im vorgeheizten Ofen bei 200 °C (Umluft 180 °C) in 45 Minuten goldbraun und weich braten. Oder über Holzkohle grillen und dabei ab und zu mit der Marinade beträufeln. Mit der Petersilie, Salz und Pfeffer bestreuen.

Gegrillte Wachteln, teuflisch schwarz und scharf

Quaglie alla diavola

Eine einfache Zubereitungsmethode für Wachteln: Zuerst werden sie gespalten und flach gedrückt, dann mariniert, auf Spieße gesteckt und über Holzkohle gegrillt. Essen lassen sie sich am besten mit den Fingern. Hähnchen und Tauben können auf die gleiche Weise zubereitet werden. In der Toskana grillen wir die Wachteln ganz klassisch über gut durchgeglühtem Holz auf einer Ziegelsteinfeuerstelle unter einem großen Kaminabzug in der Küche – alla brace. Ist das Feuer entfacht, muss man warten, bis sich das Holz in rote Glut verwandelt, die dann gleichmäßig ausgebreitet wird. Erst wenn die Glut von einer weißen Ascheschicht bedeckt ist, stellt man einen niedrigen Grillrost auf Füßen darüber und grillt darauf die Wachteln, die über der Glut einen wunderbaren Duft entfalten.

FÜR 4 PERSONEN

8 küchenfertige Wachteln
250 ml Olivenöl
Saft von 1 Zitrone
2 Knoblauchzehen, zerdrückt
Salz und frisch gemahlener schwarzer Pfeffer
1 TL Chiliflocken
Zitronenspalten zum Servieren

1 Die Wachteln mit der Brust auf ein Brett legen. Mit einer Küchenschere an einer Seite des Rückgrats, das unter der Haut gut zu erkennen ist, entlangschneiden. Auf der anderen Seite ebenfalls entlangschneiden und das Rückgrat herauslösen.

2 Die Vögel umdrehen, aufklappen und fest auf das Brustbein drücken, bis ein Knacken zu hören ist und die Wachteln flach ausgebreitet werden können.

3 Olivenöl, Zitronensaft und Knoblauchzehen vermischen. Mit einer kräftigen Prise Salz, reichlich gemahlenem Pfeffer und den Chiliflocken würzen. Die Marinade in eine flache Form füllen, in der alle Wachteln Platz finden. Die Wachteln hineinlegen und gleichmäßig in der Marinade wenden. Zugedeckt mindestens 1 Stunde im Kühlschrank durchziehen lassen.

4 In der Zwischenzeit 16 Bambusspieße mindestens 20 Minuten in kaltem Wasser einweichen. Die Wachteln aus der Marinade nehmen und auf je 2 Bambusspieße stecken. Jeden Spieß dabei diagonal vom Unterschenkel durch die Brust in den Flügel stecken, sodass die Vögel flach ausgebreitet sind.

5 Die Wachteln unter dem Ofengrill oder über Holzkohlenglut mit der Hautseite dicht an der Hitzequelle 12–15 Minuten grillen, bis sie gar und dunkel, aber nicht verbrannt sind. Dabei zweimal wenden und ab und zu mit Marinade beträufeln. Sehr heiß mit Zitronenspalten servieren. Es heißt, dass die gegrillten Wachteln wie das Antlitz des Teufels aussehen. Sie sind vom Grillen geschwärzt, und die Chilischärfe sorgt zusätzlich für teuflische Hitze – *alla diavola!*

Hasenragout mit Pappardelle

Pappardelle alla lepre

Dieses reichhaltige Ragout ist eine Winterspezialität aus der Toskana, und wenn wir Hase bekommen können, bereiten wir es gern alljährlich in der Fattoria Montellucci zu. Das langsam geschmorte Ragout schmeckt wunderbar und entschädigt für die etwas mühsame Vor- und Zubereitung. Mit Kaninchen entsteht eine sehr viel leichtere Sauce. Die Toskana ist zwar nicht gerade dafür berühmt, dass sie ihre eigene Pasta zubereitet, doch für dieses Gericht werden die Pappardelle eigens frisch hergestellt. Hase findet man dagegen in vielen toskanischen Restaurants auf der Speisekarte, doch nichts geht über eine selbst gemachte Spezialität.

FÜR 4 PERSONEN

1 küchenfertiger Hase, zerteilt
3 EL Olivenöl
4 EL Butter
1 mittelgroße Zwiebel, klein gewürfelt
1 mittelgroße Möhre, klein gewürfelt
1 Stange Bleichsellerie, in kleine Stücke
   geschnitten
2 Knoblauchzehen, gehackt
75 g *pancetta* (durchwachsener Bauchspeck), gewürfelt
Salz und frisch gemahlener schwarzer Pfeffer
2 EL Mehl
300 ml trockener Rotwein
Etwa 600 ml Wildfond, ersatzweise
   Hühnerbrühe
2 getrocknete Lorbeerblätter
1 TL gehackter frischer Rosmarin
1 TL gehackter frischer Salbei
450 g Pappardelle (breite Bandnudeln),
   al dente gekocht und in Butter geschwenkt

1 Das Fleisch mit einem scharfen Messer vom Knochen lösen und in kleine Würfel schneiden. (Alternativ die Fleischstücke mit Knochen braun anbraten und in der Sauce köcheln lassen. Fleisch vom Knochen lösen, zerkleinern und unter die Sauce mischen.)

2 Das Öl mit der Butter in einer Pfanne erhitzen. Die Zwiebel und die Möhre sowie den Sellerie und den Knoblauch darin anschwitzen und unter Rühren 10 Minuten bei schwacher Hitze dünsten, bis das Gemüse weich ist und eine goldbraune Farbe annimmt.

3 Die Speckwürfel und das Hasenfleisch dazugeben und unter Rühren einige Minuten anbraten. Kräftig mit Salz und Pfeffer würzen und mit dem Mehl bestauben. Den Wein und die Hälfte des Wildfonds zugießen und gut rühren, dabei etwaigen Bodensatz vom Pfannenboden lösen. Die Kräuter hinzufügen und das Ragout zum Kochen bringen. Die Hitze reduzieren und mindestens 2 Stunden halb zugedeckt sanft köcheln lassen, bis das Fleisch weich und die Sauce eingekocht ist. Bei Bedarf nach und nach den restlichen Fond hinzugießen.

4 Eventuell nochmals mit Salz und Pfeffer abschmecken. Die Lorbeerblätter entfernen. Das Ragout mit den in Butter geschwenkten Pappardelle vermischen. Es kann mit zusätzlichem Fond oder Brühe verdünnt werden.

Kaninchen auf Art der Jägerin

Coniglio alla cacciatora

Ein einfaches Rezept, das jedoch einem ganz gewöhnlichen Kaninchen das gesamte Aroma der toskanischen Hügel schenkt. Das Geheimnis liegt in dem Reduzieren des Weines sowie in der langen Garzeit. In der Toskana werden Stallkaninchen sehr groß. Man bekommt sie im Handel mit Kopf und Leber: Der Kopf wird in der Sauce mitgegart und dann entfernt; die Leber wird kurz gebraten, dann püriert oder zerdrückt und unter die Sauce gemischt. Mein Freund Alvaro isst am liebsten den gegarten Kaninchenkopf, den er für den besten Teil des Tieres hält. Ich hatte noch nicht den Mut, seine Behauptung zu prüfen.

FÜR 4–6 PERSONEN

1 großes Stallkaninchen, Kopf entfernt
und beiseite gelegt, mit der Leber,
in 8–12 Stücke zerteilt
4 große Knoblauchzehen, fein gehackt
1 EL fein gehackter Rosmarin
1 TL Salz
1 TL zerstoßene schwarze Pfefferkörner
1 Flasche trockener Rotwein
2 Rosmarinzweige
3 EL Olivenöl
2 EL Aceto Balsamico
2 EL italienisches Tomatenmark *(estratto)*
Salz und frisch gemahlener schwarzer Pfeffer
Etwas Hühnerbrühe oder Wasser

1 Die Kaninchenteile waschen und trockentupfen. Knoblauch, Rosmarin, Salz und Pfeffer vermischen und die Kaninchenteile, vor allem die Schnittseiten, damit einreiben. In eine Schale legen und zum Marinieren zugedeckt mindestens 2 Stunden beiseite stellen.

2 In der Zwischenzeit den Wein mit den Rosmarinzweigen in einen Topf füllen und bei starker Hitze um die Hälfte einkochen lassen. Abseihen und abkühlen lassen.

3 Das Öl in einer großen Pfanne erhitzen und die Kaninchenteile sowie den Kopf rundum goldbraun anbraten. In eine Kasserolle füllen. Die Kaninchenleber ebenfalls kurz in der Pfanne braten und zum Fleisch geben.

4 Den Bratensatz mit dem Balsamico ablöschen, den Wein hinzugießen und etwaigen Bodensatz mit dem Löffel vom Pfannenboden lösen. Das Tomatenmark unterrühren, mit Salz und Pfeffer würzen, zum Kochen bringen und über das Fleisch gießen. So viel Brühe oder Wasser hinzugießen, dass das Fleisch vollständig bedeckt ist. Langsam aufkochen und bei schwacher Hitze 45–60 Minuten leise köcheln lassen.

5 Die Kaninchenteile auf einer vorgewärmten Platte anrichten, den Kaninchenkopf entfernen. Die Leber in der Sauce fein zerdrücken und die Sauce bei Bedarf dickflüssig einkochen lassen. Über das Fleisch gießen. Mit Polenta oder Salzkartoffeln servieren.

Kapaunsalat

Insalata di cappone

Alastair Little lehrt in Italien die italienische Küche. Als Meisterkoch kennt er viele Geheimnisse und weiß um die Bedeutung einer guten Brühe. Hier demonstriert er, wie man Geflügel perfekt pochiert und so auch gleich eine gehaltvolle Brühe zubereitet.

FÜR 8 PERSONEN

FÜR DIE HÜHNERBRÜHE *(BRODO DI POLLO)*
(ERGIBT ETWA 2 LITER):

1,5 kg Hühnerflügel
2 Möhren, geschält und grob gehackt
2 Zwiebeln, geschält und grob gehackt
1 kleine Knolle Sellerie, geschält, gehackt
2 getrocknete Lorbeerblätter, 1 Thymian-
    zweig, 1 Rosmarinzweig und einige Peter-
    silienstängel, zu einem Bouquet garni
    zusammengebunden
6 Brühwürfel Hühnerbrühe
4 l Wasser
½ Flasche Weißwein

FÜR DEN SALAT:

1 küchenfertiges Huhn (2,5 kg)
250 g Pinienkerne, leicht geröstet
200 ml natives Olivenöl extra
1 Hand voll frische Petersilienblätter

FÜR DAS DRESSING:

125 ml Rotweinessig
2 getrocknete Lorbeerblätter
2 EL extrafeiner Zucker
1 Zimtstange
½ TL frisch gemahlener schwarzer Pfeffer
150 g Rosinen
Schale von je 1 unbehandelten Orange und
    Zitrone, in Streifen geschnitten
Meersalz

Die Rezeptbezeichnung ist ein wenig irreführend, da Kapaun heutzutage nur schwer zu bekommen ist und stattdessen Huhn verwendet wird. Die Brühe kann man für eine gute Hühnersuppe aufbewahren. Dafür wird frisches Gemüse in der Brühe gegart und pochiertes Hühnerfleisch hinzugegeben; oder sie wird als klare Brühe und mit einer Nudeleinlage gereicht. AL

1 Für die Brühe die Hühnerflügel in je 3 Teile schneiden. Die Flügel dafür jeweils flach auf ein Brett legen und am besten mit einer Küchenschere in den Gelenken durchschneiden.

2 Die Flügel, das Gemüse und das Bouquet garni in einen großen Topf füllen. Die Brühwürfel und das Wasser hinzufügen und aufkochen. Die Hitze reduzieren, den Wein dazugießen. Bei schwacher Hitze 3 Stunden köcheln lassen. Dabei gelegentlich umrühren und den Schaum regelmäßig abschöpfen.

3 Das Huhn für den Salat in die köchelnde Brühe einlegen und bei mittlerer Temperatur wieder zum Kochen bringen. Die Hitze kurz vor dem Siedepunkt reduzieren, den Schaum abschöpfen und das Huhn 1 Stunde köcheln lassen. Bei Bedarf Wasser nachgießen, um das Huhn zu bedecken. Den Herd ausschalten und das Huhn in der Brühe abkühlen lassen. Herausnehmen, in Folie wickeln und kalt stellen.

4 Die Brühe abseihen, zurück in den gereinigten Topf gießen und schnell aufkochen. Den Schaum entfernen, 500 Milliliter kaltes Wasser dazugießen, wieder aufkochen, abschäumen. Dadurch wird das Fett reduziert und die Brühe klar. Auf die Hälfte einkochen lassen, immer wieder den Schaum entfernen. Abkühlen lassen und in den Kühlschrank stellen.

5 Für das Dressing den Essig in einem Topf zum Kochen bringen. Lorbeerblätter, Zucker, Zimt, Pfeffer, Rosinen und Zitrusschalen hinzufügen. Unter Rühren erhitzen, bis sich der Zucker gelöst hat. Bei niedrigster Hitze durchziehen lassen.

6 Das Hühnerfleisch in Stücke schneiden und in eine Schüssel geben, dabei Haut, Fett und Knochen entfernen. Die Pinienkerne dazugeben. Dressing nochmals aufkochen (Lorbeerblätter und Zimtstange herausnehmen) und über das Hühnerfleisch gießen, salzen und gut vermischen. Bis zu 3 Stunden kalt stellen, damit sich das Aroma entfalten kann. 1 Stunde vor dem Servieren mit dem Olivenöl und der Petersilie vermischen.

7

Fleisch-gerichte

ANNA DEL CONTE

Ossobuco Mailänder Art

Ossobuco alla milanese

Anna del Conte ist eine weltweit anerkannte Kochbuchautorin mit besonders großem Wissen über die norditalienische Küche. Hier präsentiert sie das klassische Rezept für den echten *ossobuco alla milanese*. Ossobuco wird aus der Hinterhachse des Kalbs geschnitten und sollte nicht dicker als 4 cm sein. Das Gericht nach diesem Rezept ist eine echte Delikatesse.

FÜR 4 PERSONEN

4 *ossibuchi* (Beinscheiben vom Kalb mit
  Knochen und Mark), je etwa 250 g
2 EL Olivenöl
Mehl zum Wenden
Salz
40 g Butter
1 kleine Zwiebel, fein gehackt
½ Stange Bleichsellerie, fein gehackt
150 ml trockener Weißwein
300 ml Fleischbrühe

FÜR DIE *GREMOLATA*:

1 TL abgeriebene Schale von
  1 unbehandelten Zitrone
½ Knoblauchzehe, sehr fein gehackt

Der klassische ossobuco alla milanese *wird ohne Tomaten zubereitet, so wie die wenigsten Mailänder Gerichte Tomaten oder Tomatensauce enthalten. Ebenso wie in Venetien oder im Piemont fanden Tomaten auch hier kaum Eingang in die traditionelle Küche. Der Grund ist offensichtlich – im Norden Italiens wachsen nun mal keine Tomaten. Darüber hinaus serviert man* ossobuco alla milanese *traditionell mit* risotto alla milanese, *der mit Safran zubereitet wird. Safran und Tomatensauce passen jedoch nicht zusammen. Dies gilt ebenso für die* gremolata, *die man gegen Ende der Garzeit hinzugibt und deren Geschmack sich gegen das Weinaroma des Fleisches behaupten können muss.* ADC

1 Die rund geschnittenen *ossibuchi* mit Küchengarn rundum und über Kreuz in Form binden. In einem schweren Topf mit gut schließendem Deckel, in dem die *ossibuchi* später nebeneinander Platz haben, das Öl erhitzen. Die *ossibuchi* leicht im Mehl, vermischt mit 1 Teelöffel Salz, wenden und in dem heißen Öl von beiden Seiten braun anbraten. Auf einer Platte beiseite stellen.

2 Von der Butter 30 Gramm zum Öl in den Topf geben, zerlassen, Zwiebel und Sellerie hinzufügen. Etwas Salz darüber streuen (die Zwiebel gibt dadurch ihre Flüssigkeit ab und wird weich, ohne zu bräunen). Nach etwa 10 Minuten, wenn das Gemüse weich ist, das Fleisch mit dem ausgetretenen Saft wieder in den Topf legen. Den Wein erhitzen und über das Fleisch gießen. Die Temperatur erhöhen und den Wein um die Hälfte einkochen lassen, dabei den Bodensatz mit einem Metalllöffel vom Topfboden loskratzen.

3 Die Fleischbrühe im selben Topf wie den Wein erhitzen und etwa 150 Milliliter über die *ossibuchi* gießen. Die Temperatur reduzieren und den Deckel auflegen.

4 Das Fleisch 1½–2 Stunden schmoren lassen, bis es sich leicht vom Knochen löst. Dabei etwa alle 20 Minuten wenden, jedoch darauf achten, dass das Knochenmark nicht verletzt wird. Bei Bedarf weitere Fleischbrühe portionsweise (jeweils 3–4 Esslöffel) hinzufügen. Ist das Fleisch bereits gar, die Sauce aber noch zu dünn, das Fleisch herausnehmen und die Sauce kräftig einkochen lassen.

5 Die *ossibuchi* auf eine vorgewärmte Platte legen und das Küchengarn entfernen. Bei schwächster Hitze im Ofen warm halten. Die übrige Butter in 3–4 Stücke schneiden und nach und nach in die Sauce rühren. Sobald die Butter geschmolzen ist, die Sauce vom Herd nehmen, damit sie nicht zu kochen beginnt. Durch die Butter erhält sie Glanz und einen sehr feinen Geschmack.

6 Die Zutaten für die *gremolata* vermischen, unter die Sauce rühren, 1–2 Minuten stehen lassen. Die Sauce über die *ossibuchi* verteilen und sofort servieren.

TIPP: Kaufen Sie *ossibuchi* von gleicher Größe, sie sind zur selben Zeit gar.

Gulasch

Gulasch

Claudio Pecoraris Variante eines klassischen Fleischgerichts, das ursprünglich aus Ungarn stammt. So wie manch andere mitteleuropäische Spezialität wurde auch dieses Gericht Teil der italienischen Küche, als Triest, einst wichtigster Hafen des österreichisch-ungarischen Reiches, 1954 Teil von Italien wurde.

FÜR 4 PERSONEN

100 g Schweineschmalz oder fetter Speck, sehr fein gehackt

4 EL scharfes Paprikapulver

2 EL Mehl

1 kg mageres Rindfleisch (Wade, Bug), in Würfel geschnitten

1 kg Zwiebeln, in Scheiben geschnitten

2 TL gehackter frischer Rosmarin

1 TL gehackter frischer Thymian

1 EL gehackter frischer Majoran

1 Lorbeerblatt

100 g Tomatenmark

Dieses Rezept entstand zu Beginn meiner Karriere, als ich für Lucio, einen traditionsbewussten Küchenchef, in der Trattoria all'Adriatico in Triest arbeitete. Das Restaurant war damals sehr berühmt und besaß eine äußerst reiche Klientel – die letzten Vertreter eines untergegangenen Reiches. CP

1 Das Schweinschmalz in einer großen Kasserolle bei schwacher Hitze zerlassen.

2 Das Paprikapulver mit dem Mehl in einer Schüssel vermischen und das Fleisch darin wenden, bis alle Stücke gleichmäßig bedeckt sind.

3 Das Fleisch in die Kasserolle geben und bei starker Hitze rundum braun anbraten (eventuell in Portionen arbeiten).

4 Die Zwiebeln unter Rühren hinzufügen. Keine Angst, dass sie anbrennen, die austretende Flüssigkeit löst sie vom Topfboden. Die gehackten Kräuter und das Lorbeerblatt dazugeben und ständig weiterrühren, damit sie nicht anhängen.

5 Nach insgesamt etwa 20 Minuten das Tomatenmark mit etwa 1 Liter Wasser verrühren und über das Fleisch gießen. Durchrühren, dabei den Bodensatz lösen und zugedeckt bei schwächster Hitze 45–60 Minuten schmoren, bis das Fleisch gerade eben weich ist.

6 Das Fleisch mit einem Schaumlöffel herausnehmen und auf einer vorgewärmten Servierplatte anrichten, warm stellen. Die Sauce mit dem Stabmixer pürieren oder durch ein Sieb passieren und über das Fleisch gießen. Als Beilage am besten *gnocchi di patate* (siehe Rezept Seite 82) servieren.

Kalbsleber auf venezianische Art

Fegato alla veneziana

Alastair Little hat ein weiteres klassisches Gericht für uns ausgewählt. Die gelungene Zubereitung von Kalbsleber ist nicht ganz einfach. Alastair demonstriert die einzelnen Arbeitsschritte und beschreibt, wie man die Zwiebeln langsam brät, damit sie wunderbar weich und süß werden. Zwar typisch, aber nicht jedermanns Sache sind die mitgebratenen aromatischen Salbeiblättchen. Wer ihren kräftigen Eigengeschmack nicht mag, lässt sie einfach weg.

Dieses klassische italienische Gericht erfreut sich internationaler Beliebtheit. Die Kombination von Leber und Zwiebeln ist eine perfekte Geschmacksharmonie und einfach nicht zu überbieten. Das Geheimnis liegt darin, die Leber nur kurz und keinesfalls bei zu starker Hitze zu garen, da sie sonst aufplatzt und einen eher unangenehmen Geschmack bekommt. Kalbsleber ist sehr hell und zart und besitzt ein mildes Aroma. Viele, die ansonsten keine Leber mögen, werden bei ihrem Geschmack schwach, allerdings ist sie nicht ganz billig. Möglicherweise muss man die Kalbsleber beim Metzger extra bestellen. Es empfiehlt sich auch, den Metzger zu bitten, die Leber zu parieren, sie in dünne Scheiben zu schneiden und anschließend die äußere Haut zu entfernen. Pro Person benötigt man etwa 125–150 Gramm Leber. AL

FÜR 4 PERSONEN

500 g Kalbsleber, in dünne Scheiben
geschnitten und enthäutet
2 EL Butter
Etwas natives Olivenöl extra zum Braten
500 g Zwiebeln, in dünne Scheiben
geschnitten
4 frische Salbeiblätter
Salz und frisch gemahlener schwarzer Pfeffer
1 Hand voll gehackte Petersilie

1 Die Leber in 5–6 cm lange und 5 mm breite Streifen schneiden.

2 In einer großen Pfanne 1 Esslöffel Butter mit dem Olivenöl bei mittlerer Hitze zerlassen. Zwiebeln und Salbei einrühren und die Hitze reduzieren. Die Zwiebeln bei schwacher Hitze etwa 15 Minuten schwitzen lassen, bis sie weich und glasig geworden sind. Kräftig mit Salz und Pfeffer würzen.

3 Die Temperatur auf mittlere Stufe erhöhen und die Leber hinzufügen. Unter gelegentlichem Wenden 4–5 Minuten garen, bis die Leber leicht gebräunt und fest geworden ist. Die restliche Butter und die Petersilie dazugeben. Nach Bedarf mit Salz und Pfeffer abschmecken und mit den Zitronenhälften anrichten. Besonders gut passt ein weiches Kartoffelpüree dazu oder eine ebenfalls weiche Polenta.

In Barolo geschmortes Rindfleisch

Brasato al Barolo

Barolo ist ein vollmundiger, schwerer Rotwein aus dem Piemont, der mindestens 3–4 Jahre lagern muss. Er wird aus Nebbiolo-Trauben hergestellt und bekommt während der Lagerung eine tiefrotbraune Farbe. Üblicherweise wird für einen Brasato das Rindfleisch im Ganzen in Barolo mariniert, dann langsam geschmort und, in Scheiben geschnitten, mit der passierten Sauce serviert. Bei meiner Variante lässt man den Wein zuvor einkochen, um das Aroma zu intensivieren, und das Fleisch wird in große Stücke geschnitten. Nach dem langen Garprozess erhält man eine wunderbar dunkle, aromatische Sauce. Das Gericht eignet sich gut für eine große Einladung zu einem Abendessen.

FÜR 6–8 PERSONEN

2 Flaschen guter Barolo oder ein anderer
   Rotwein von gleicher Qualität
1,5 kg Rindfleisch zum Schmoren (Schulter
   oder Keule)
2 Zwiebeln, grob gehackt
2 Möhren, klein gewürfelt
1 Stange Bleichsellerie, in kleine Stücke
   geschnitten
2 Lorbeerblätter
2 große Thymianzweige
6 ganze Pfefferkörner
2 Pimentkörner, zerstoßen
3 EL Olivenöl
2 EL Tomatenmark
1 l Rinderbrühe
Salz und frisch gemahlener schwarzer Pfeffer
Frisch gehackte Petersilie zum Servieren

1 Den Wein in einem großen Topf zum Kochen bringen. Bei starker Hitze um die Hälfte auf etwa 750 Milliliter einkochen lassen. Vollständig abkühlen lassen.

2 Das Fleisch von Fett und Sehnen befreien und in 6,5 cm große Stücke schneiden. Zusammen mit den Zwiebeln, Möhren, dem Bleichsellerie, den Lorbeerblättern, Thymian, Pfefferkörnern und dem zerstoßenen Piment in einen ausreichend großen Plastikbeutel füllen. Den abgekühlten Wein hinzugießen. Den Beutel vorsichtig schütteln, um alles zu vermischen, verschließen und das Fleisch über Nacht im Kühlschrank marinieren.

3 Den Beutel öffnen. Den Inhalt in ein Sieb, das über einer Schüssel steht, gießen. Die Fleischstücke aus dem Sieb nehmen und mit Küchenpapier trockentupfen. Den Wein beiseite stellen, das Gemüse, Kräuter und Gewürze aufbewahren.

4 Das Öl in einer großen, hitzebeständigen Kasserolle erhitzen und das Fleisch darin portionsweise braun anbraten. Das gesamte Fleisch in der Kasserolle mit dem zurückbehaltenen Gemüse sowie den Kräutern und Gewürzen vermischen.

5 Den Wein darüber gießen und das Tomatenmark unterrühren. So viel Rinderbrühe hinzugießen, dass alle Zutaten vollständig bedeckt sind. Aufkochen, die Hitze reduzieren und das Fleisch 2–3 Stunden schmoren, bis es sehr weich ist. Alternativ im Ofen bei 170 °C (Umluft 150 °C) 2–3 Stunden schmoren. Bei Bedarf ab und zu Rinderbrühe nachgießen, um ausreichend Sauce zu haben.

6 Die Fleischstücke mit einem Schaumlöffel herausheben und in einer Schüssel beiseite stellen. Die Lorbeerblätter aus der Sauce fischen und die Sauce in der Küchenmaschine glatt rühren. Die noch „blass" aussehende Sauce nochmals erhitzen, wobei sie sich dunkel verfärbt. Mit Salz und Pfeffer abschmecken. Ist die Sauce nicht dickflüssig genug, noch ein wenig einkochen lassen.

7 Die Fleischstücke in die Sauce einlegen und stark erhitzen. Mit Petersilie bestreuen und servieren.

Kalbsschnitzel mit Schinken und Salbei

Saltimbocca

Dies ist eine klassische Zubereitung für Kalbsschnitzel, denen kaum jemand widerstehen kann. Kaum sind die Schnitzel in der Pfanne, kann es passieren, dass Ihre Gäste um den Herd stehen und ungeduldig auf die feinen Schnitzel warten. Sie sind einfach köstlich! Saltimbocca heißt übersetzt „spring in den Mund", und genau so geschieht es mit den verführerisch duftenden Schnitzeln. In diesem Rezept werden sie flach ausgebreitet in der Pfanne gebraten; eine andere, ebenso beliebte Zubereitung ist es, die Fleischscheiben um eine Füllung herum aufzurollen.

FÜR 4 PERSONEN

8 Kalbsschnitzel, je 100 g (Putenschnitzel
   lassen sich genauso zubereiten)
Salz
8 Scheiben *prosciutto* oder Parmaschinken
8 große, frische Salbeiblätter
Etwas Mehl, mit Salz und Pfeffer gewürzt
125 g Butter
200 ml trockener Marsala oder Sherry
Frisch gemahlener schwarzer Pfeffer
Frische Salbeiblätter zum Garnieren

1 Die aus der Oberschale geschnittenen Schnitzel von noch anhaftendem Fett und Sehnen befreien (oder Kalbsfilet verwenden). Jeweils zwischen Klarsichtfolie legen und vorsichtig flach drücken.

2 Die Schnitzel von beiden Seiten leicht salzen. Auf jedes Schnitzel 1 Scheibe Schinken sowie 1 Salbeiblatt legen und in der Mitte mit einem Cocktailspieß feststecken. Die Schnitzel werden nicht eingerollt. Von beiden Seiten mit etwas gewürztem Mehl bestreuen, gleichmäßig verteilen und überschüssiges Mehl abschütteln.

3 Die Hälfte der Butter in einer Pfanne zerlassen. Je 4 Schnitzel auf einmal in der Butter von jeder Seite 2 Minuten braten, sie sollen goldbraun und weich sein. Aus der Pfanne nehmen und warm stellen.

4 Den Marsala in die Pfanne gießen und den Bratensatz mit dem Löffel vom Pfannenboden losschaben. Die Sauce zum Kochen bringen, die restliche Butter hinzufügen und 1 Minute kräftig kochen lassen. Mit Salz und Pfeffer abschmecken. Die Sauce über die angerichteten Schnitzel verteilen, mit den Salbeiblättern garnieren und sofort servieren.

Bollito misto

Bollito misto

Ein meisterliches Rezept von Alastair Little für eines der traditionsreichsten und spektakulärsten Gerichte Italiens. Die Zutaten sind einfach, doch für die Vor- und Zubereitung braucht man Zeit!

FÜR 10 PERSONEN

(Die angegebenen Mengen reichen für ein Festessen mit 10 Personen; es werden auch leicht 20 Personen davon satt. Bei einer größeren Zahl von Gästen zusätzlich Gemüse zubereiten, sodass alle je 1 Zwiebel, 1 Möhre und 1 Stange Lauch erhalten.)

13 Zwiebeln

10 Möhren

13 Stangen Bleichsellerie

4,5 kg Kalbs- oder Rinderknochen, in Stücke gesägt

2 EL Sonnenblumenöl

1 Kalbsfuß (vom Metzger sauber präpariert)

1 Flasche Rotwein (750 ml)

4 Lorbeerblätter

Salz und frisch gemahlener schwarzer Pfeffer

1 gepökelte Ochsenzunge

1 Beinscheibe vom Rind (etwa 900 g), in Form gebunden

2 Beinscheiben vom Kalb (je 675 g), in Form gebunden

2 Kalbshachsen

1 küchenfertiges großes Huhn (2,5–3 kg)

10 mittelgroße Stangen Lauch

1 *zampone* (gefüllter Schweinsfuß) oder *cotechino* (geräucherte Kochwurst vom Schwein)

10 mittelgroße Kartoffeln (nach Belieben)

ZUM SERVIEREN:

Salsa verde (siehe Seite 42, doppelte Menge)
Mostarda di Venezia (siehe Seite 188)

Hinter dem recht prosaischen Namen – bollito misto *bedeutet „gemischtes Gekochtes" – versteckt sich ein großes Gericht der internationalen Küche, die italienische Variante des pot au feu. Für diese Spezialität aus dem Piemont nimmt man schon einmal eine längere Suche in Kauf, denn man bekommt es nur noch in wenigen Häusern: Ein Restaurant, das* bollito misto *auf der Speisekarte hat, verfügt über einen speziellen Servierwagen aus Edelstahl mit vielen einzelnen Fächern für Rindfleisch, Kalbfleisch, Zunge, Huhn und* zampone *(gefüllter Schweinsfuß) oder* cotechino *(geräucherte Kochwurst vom Schwein), die alle erst bei Tisch aufgeschnitten und aufgetragen werden. Darüber wird etwas Brühe geträufelt, und als Beilage werden gekochtes Wurzelgemüse und eine scharfe* salsa verde *gereicht. Mitunter wird dazu auch eine* salsa rossa *oder rote Paprikasauce serviert sowie eine* mostarda di Cremona *– süß-scharfe Senffrüchte, die man inzwischen in vielen Feinkostgeschäften erhält (siehe Rezept für* mostarda di Venezia, Seite 188*). Dieses Rezept ist eine Variante des* bollito misto, *den wir in meinem Restaurant servieren und dessen Vor- und Zubereitung drei Tage dauert – für Fleischliebhaber lohnt sich die Mühe allemal. Sehr gut passen dazu einfache Salzkartoffeln.*

Die lange Zubereitung spricht jedoch nicht dafür, dass der Prozess besonders schwierig ist. Die Belohnung ist auf jeden Fall ein höchst beeindruckendes Essen sowie ein hervorragendes kaltes Fleisch für viele Tage danach. Außerdem erhält man mehrere Liter beste Fleischbrühe, die man einfrieren kann. Übrig gebliebenes Fleisch kann auch in einer Suppe angerichtet werden, die aus der Brühe und Gemüse zubereitet wird und der zum Schluss für eine attraktive Farbe blanchierte Spinatblätter zugefügt werden. AL

1 **1. Tag.** Den Ofen auf 190 °C (Umluft 170 °C) vorheizen. Je 3 Zwiebeln, Möhren und Selleriestangen schälen oder putzen und in 1 cm große Stücke schneiden. Die Knochen mit dem Öl bestreichen. Zusammen mit dem vorbereiteten Gemüse in einen feuerfesten Schmortopf füllen und im Ofen 1½ Stunden rösten, dabei ab und zu mit einer Bratschaufel wenden und darauf achten, dass sie nicht anbrennen. Den Kalbsfuß in einem Topf mit kaltem Wasser bedecken, aufkochen, den aufsteigenden Schaum abschöpfen, abseihen und mit kaltem Wasser abschrecken. Die angerösteten Knochen mit dem Gemüse in einen großen Topf umfüllen, mit kaltem Wasser bedecken und stark erhitzen. Den Bratfond in dem Schmortopf mit Rotwein ablöschen, den karamellisierten Bodensatz mit einer Bratschaufel abkratzen und zu den Knochen gießen.

2 Sobald das Wasser mit den Knochen kocht, abschäumen und die Hitze reduzieren. Die Lorbeerblätter dazugeben, leicht salzen und pfeffern. 6 Stunden köcheln lassen. Regelmäßig den Schaum abschöpfen und bei Bedarf frisches Wasser nachgießen, sodass die Knochen stets bedeckt sind. Am Ende der Garzeit ein langes Stück Küchengarn um den Kalbsfuß binden, diesen zu den Knochen geben und das Garn aus dem Topf hängen lassen, um den Kalbsfuß später leicht herausnehmen zu können.

3 Nach einer weiteren Stunde den Kalbsfuß herausnehmen, abkühlen lassen und im Kühlschrank aufbewahren. Die Brühe mit einer Kelle in ein Sieb schöpfen und in einen großen Behälter ablaufen lassen. Den letzten Rest der Brühe mit den Knochen und dem Gemüse wegwerfen. Den Topf auswaschen und die Brühe durch ein feinmaschiges Sieb wieder hineingießen. Bei starker Hitze zum Kochen bringen. Kurz bevor die Brühe zu kochen beginnt, sammelt sich das Fett mit festen Rückständen auf einer Seite des Topfes. Diese mit einem Schaumlöffel zügig entfernen und die Brühe mit 575 Milliliter kaltem Wasser auffüllen. Den Vorgang wiederholen, die fertige Brühe erneut aufkochen und den Herd ausschalten. Die Brühe auf der Herdplatte erkalten lassen.

4 2. Tag. Die Ochsenzunge über Nacht in reichlich kaltem Wasser wässern. Die Beinscheiben vom Rind und Kalb mit langen Stücken Küchengarn fixieren. Die Brühe wieder aufkochen, die Hitze sofort reduzieren. Die Beinscheibe vom Rind und den Kalbsfuß einlegen und 1 Stunde köcheln lassen. Die Beinscheiben vom Kalb und die Kalbshachsen dazugeben und weitere 30 Minuten köcheln lassen. Nun das Huhn hinzufügen und das gesamte Fleisch weitere 1½ Stunden köcheln lassen. (Die Garzeit beträgt insgesamt 3 Stunden.) Die Fleischteile in einen großen Behälter legen, abkühlen lassen und kalt stellen. Den Kalbsfuß entbeinen und die abgelösten gelatinösen Stücke ebenfalls zum Fleisch geben. Die Brühe aufkochen, das Fett mit den Rückständen entfernen und wie zuvor erkalten lassen.

5 3. Tag. Die Lauchstangen waschen und putzen. Die restlichen Möhren, Zwiebeln und Selleriestangen schälen oder putzen, die „Abfälle" aufbewahren. Die Ochsenzunge abgießen und in einem Topf mit kaltem Wasser bedecken. Zum Kochen bringen und das Wasser kosten: Schmeckt es noch sehr salzig, abgießen, durch frisches Wasser ersetzen und wieder aufkochen. Die Gemüseabfälle dazugeben, nochmals aufkochen. Bei mittlerer Hitze 2 Stunden köcheln lassen, bis die Zunge so weich ist, dass sich eine Fleischgabel ganz leicht hineinstecken und wieder herausziehen lässt. Die Zunge abgießen und 10 Minuten abkühlen lassen. Die feste äußere Haut abziehen, solange die Zunge noch relativ heiß ist (später lässt sie sich nur schwer entfernen).

6 Die Lauchstangen in 2 Partien teilen und zu Bündeln mit Küchengarn zusammenbinden. Die Brühe zum Köcheln bringen und das gesamte Gemüse darin bissfest garen. Jedes Gemüse einzeln herausnehmen und in kaltem Wasser abschrecken. Die Brühe wird durch das Gemüse noch aromatischer.

7 *Zampone* oder *cotechino* in der Kunststoffhülle in schwach kochendem Wasser nach Herstellerangaben garen. Sollen Kartoffeln dazu gereicht werden, diese schälen, um *zampone* oder *cotechino* verteilen und mitgaren. Einen großen Schmortopf und eine große Servierplatte im Backofen bei niedrigster Hitze vorwärmen.

8 Der „letzte Akt" ist nun Ihre Sache, und Ihre Gäste (sie sollten unbedingt einen Tag gefastet haben) sind bereits dabei. Die Lauchstangen vom Küchengarn befreien und mit dem übrigen Gemüse in einen Topf geben, mit etwas Brühe befeuchten. *Zampone* oder *cotechino* über einer Schüssel aus der Kunststoffhülle nehmen, da dabei Fett herausspritzen kann. Pro Person von jeder Fleisch- und Wurstsorte eine 5 mm dicke Scheibe abschneiden und zum Servieren portionsweise anrichten (Endstücke für eine Suppe aufbewahren). Die Brühe (sie soll nicht kochen, aber sehr heiß sein) nach Geschmack mit Salz und Pfeffer nachwürzen. Die Fleischportionen in einem Blanchierkorb in die Brühe hängen. Zurück in den Schmortopf geben und mit etwas Brühe beträufeln, bis alle Portionen fertig sind. Das Ganze dauert nur etwa 5 Minuten. Mit Alufolie abdecken und bei schwacher Hitze 5 Minuten in den Ofen schieben.

9 Zum Servieren das Gemüse abtropfen lassen und in der Mitte der vorgewärmten Platte aufhäufen. Die Fleischportionen darum verteilen. Nochmals etwas Brühe darüber träufeln. Sofort mit *salsa verde* und *mostarda die Venezia* servieren.

TIPP: Zu *bollito misto* einen guten, vollmundigen Rotwein, etwa Barolo, anbieten. Neben *salsa verde* und *mostarda di Venezia* grobes Meersalz und verschiedene Senfsorten servieren. *Bollito misto* sollte man nicht im Sommer zubereiten, da die Brühe bei großer Hitze während des langsamen Abkühlens verderben könnte. Das Gericht wird ohne Vorspeise und ohne Dessert serviert. Man reicht danach nur etwas Obst und vielleicht ein Stück Parmesan. Vegetarier sollten Sie zu diesem Essen nicht einladen.

Schweinerollbraten mit Rosmarin, Fenchel und Knoblauch

Arista di maiale con finocchio

Der Duft dieses Gerichts erinnert mich stets an die toskanischen Märkte am frühen Morgen, wo in den porchetta-*Ständen ganze gebratene Spanferkel zu sehen sind. Sie sind die ganze Nacht in einem mit Holz befeuerten Ofen gebraten worden und verströmen einen kräftigen Knoblauch- und Rosmaringeruch. Das Fleisch wird in Scheiben geschnitten und mit ein wenig knuspriger Schwarte in dicke Brötchen gesteckt. Hier präsentiere ich nun meine Variante von* arista alla fiorentina, *die ich meinen Gästen in der Fattoria Montellucci in der Toskana serviere. Oft bereite ich sie in der Nachwärme des Brotofens zu, in dem ich zuvor Pizza gebacken habe.*

FÜR 6 PERSONEN

1,75 kg Schweinelende, vom Metzger entbeint und von der Schwarte befreit, Knochen und Schwarte aufbewahrt
6 große Knoblauchzehen
4 EL gehackter frischer Rosmarin
2 TL Fenchelsamen
Salz und frisch gemahlener schwarzer Pfeffer
1 EL Olivenöl
300 ml trockener Weißwein
Einige Zweige frischer Rosmarin

1 Den Ofen auf 220 °C (Umluft 200 °C) vorheizen. Das Lendenstück mit der Fettseite nach unten auf die Arbeitsfläche legen. Das Fleisch mit einem scharfen Messer mit tiefen Schlitzen versehen.

2 Den Knoblauch zusammen mit dem gehackten Rosmarin, den Fenchelsamen und mindestens je 1 Teelöffel Salz und Pfeffer in der Küchenmaschine zu einer geschmeidigen Paste verarbeiten. Die Paste in kleinen Portionen in die Schlitze im Fleisch füllen und den Rest auf dem Fleisch verstreichen. Das Fleisch zu einem gleichmäßig geformten Braten zusammenrollen und mit feinem Küchengarn umwickeln.

3 Das Fleisch wiegen und eine Garzeit von 25 Minuten für jeweils 500 Gramm berechnen. In einer Pfanne in dem Olivenöl rundum goldbraun anbraten. In einen Schmortopf legen und mit dem Wein begießen. Zusätzlich einige Rosmarinzweige in das Fleisch stecken.

4 Die Knochen mit der runden Seite nach oben in einen flachen, feuerfesten Schmortopf geben. Die Schwarte für eine schön aufbrechende Kruste mehrfach diagonal (von links unten nach rechts oben und von rechts unten nach links oben) einritzen, mit etwas Öl und Salz einreiben und über die Knochen legen. Diesen Schmortopf auf die oberste Schiene in den Ofen schieben, den Rollbraten in die untere Mitte des Ofens stellen und 20 Minuten braten. Die Temperatur auf 200 °C (Umluft 180 °C) reduzieren und in der selbst berechneten Zeit fertig braten. Den Braten alle 20 Minuten mit dem ausgetretenen Saft übergießen. Die Schwarte soll in knusprigen Rauten aufbrechen.

5 Den fertigen Braten vom Küchengarn befreien, in dicke Scheiben schneiden und mit Stücken der knusprigen Schwarte portionsweise anrichten. Als Sauce nur den Bratensaft reichen.

Fleischbällchen in Tomatensauce

Polpetti al sugo

Mary Continis Familie stammt zum Teil aus Süditalien, wo *sugo* (langsam gekochte Tomatensauce) eine beliebte Pastasauce ist. Für diese klassischen Fleischbällchen ist die Sauce ebenfalls unerlässlich: Sie werden ganz langsam darin gegart und schmecken einfach köstlich.

Die kleinen Fleischbällchen aus Rinderhackfleisch werden mit Kräutern und Gewürzen verfeinert und von Hand geformt. Nonna, meine Großmutter, bat ihren Metzger stets, für ihre polpetti *extra ein Filetsteak mit dem Messer sehr fein zu hacken. Das ist vielleicht etwas zu extravagant, aber bitten Sie Ihren Metzger ruhig, ein mageres Stück aus der Keule oder Schulter oder ein Rumpsteak für Sie durch den Fleischwolf zu drehen. Fertig angebotenes Hackfleisch ist fast immer zu fett.* MC

FÜR 4–6 PERSONEN

FÜR DIE TOMATENSAUCE:

2 EL natives Olivenöl extra

1 kleine Zwiebel, sehr fein gehackt

1 Knoblauchzehe, geschält und gehackt

1 kleines Stück getrocknete Chilischote

2 Dosen geschälte italienische Tomaten
   (Füllmenge jeweils 400g)

Salz und frisch gemahlener schwarzer Pfeffer

FÜR DIE FLEISCHBÄLLCHEN:

400 g bestes mageres Rindersteak, durch die
   mittlere Scheibe des Fleischwolfs gedreht,
   ersatzweise je 200 g Rindersteak und
   mageres Schweinefleisch, durchgedreht
   und vermischt

2–3 EL frisch geriebene Semmelbrösel,
   aus trockenem Weißbrot

2 EL frisch geriebener Parmesan

1 EL fein gehackte glatte Petersilie

1 kleine Zwiebel, fein gehackt

1 EL Rosinen (nach Belieben)

Meersalz

Frisch gemahlener schwarzer Pfeffer

1 großes Ei

3 EL natives Olivenöl extra

1 Für die Tomatensauce das Olivenöl in einem Topf mit schwerem Boden erhitzen. Zwiebel, Knoblauch und Chilischote unter Rühren bei schwacher Hitze darin braten, bis die Zwiebel weich und glasig ist. (Diese Zubereitung heißt *soffritto* und ist die Grundlage vieler italienischer Rezepte.)

2 Die Tomaten durch ein feines Sieb passieren, sodass die Samen darin zurückbleiben, und das Passierte unter den *soffritto* rühren. Erhitzen und während der Zubereitung der Fleischbällchen schwach köcheln lassen.

3 Das Hackfleisch mit den Semmelbröseln, dem Parmesan und der Petersilie in einer Schüssel vermischen. Die Zwiebel untermischen. Die Rosinen (nach Belieben) sowie reichlich Salz und Pfeffer dazugeben und alles zu einem geschmeidigen Fleischteig verarbeiten. Er sollte kräftig gewürzt sein, also nicht mit Salz sparen. Zum Binden zuletzt das Ei untermischen.

4 Mit sauberen nassen Händen aus dem Fleischteig Bällchen in der gewünschten Größe formen. Das Olivenöl in einer Pfanne erhitzen und die *polpetti* rundum braun anbraten.

5 Die Fleischbällchen in die heiße Tomatensauce einlegen und halb zugedeckt 1 Stunde ganz schwach köcheln lassen. Die Sauce kräftig mit Salz und Pfeffer abschmecken, mit *al dente* gekochten Spaghetti oder Ziti vermischen und servieren. Die Fleischbällchen separat anrichten und mit Gemüse und Salat reichen.

Lammkeule mit Zitrone und Knoblauch

Coscia di agnello con limone, olio e aglio

Diese Lammkeule mit den herrlichen Aromen Siziliens ist ein traditionelles Familienrezept von Francesca Romina. Francesca empfiehlt ein Frühlingslamm. Einen intensiven Geschmack besitzt das Fleisch jedoch erst nach Ostern, wenn das Lamm zwischen 5 Monate und 1 Jahr alt ist und bereits auf der Weide Gras gefressen hat: Je älter das Lamm, umso mehr Fett hat die Keule. Milchlämmer sind selten und teuer, ihre Keulen sind noch sehr klein und eignen sich nicht für langes Braten. Die Garzeit für diese Lammkeule ist auffallend lang; das Fleisch soll sehr weich sein, wenn man mit einer Gabel hineinsticht.

FÜR 4–6 PERSONEN

2,75 kg Lammkeule(n), Fett entfernt
10 große Knoblauchzehen, geviertelt
4 EL natives Olivenöl extra
4 quadratische Stücke Lammfett (je 7,5 cm Kantenlänge), vom Parieren zurückbehalten

FÜR DAS ZITRONEN-KNOBLAUCH-DRESSING:
Frisch gepresster Saft von 5 Zitronen
125 ml natives Olivenöl extra
10 Knoblauchzehen, grob gehackt
2 TL getrockneter Oregano, von den Stängeln befreit und zu Pulver zerstoßen
Salz

AUSSERDEM:
4 große Kartoffeln, geschält und in 2,5 cm dicke Scheiben geschnitten

In vielen sizilianischen Familien wird am Ostersonntag und zu anderen festlichen Gelegenheiten Lamm gegessen. Dieses Rezept ist in Sizilien seit Jahrhunderten bekannt, es wird sogar in vielen italienischen Gemeinden in ganz Amerika zubereitet. Ich empfehle dafür ein heimisches Frühlingslamm, das bis zu 3,5 Kilogramm auf die Waage bringt. Ein Lamm aus Neuseeland würde ich dagegen nicht verwenden, da das Fleisch einen zu ausgeprägten Wildgeschmack hat. Denken Sie daran, das Fleisch rechtzeitig bei Ihrem Metzger zu bestellen. Sehr gut passen dazu Gemüse wie Maiskolben, grüne Bohnen und Brokkoli. FR

1 Den Ofen auf 240 °C (220 °C) vorheizen. Die Oberseite der Lammkeule mit 20 Einschnitten, 2,5 cm lang und ebenso tief, versehen. Die Keule umdrehen und auf der Unterseite genauso verfahren. Jeweils ein Knoblauchviertel in die Einschnitte stecken. Den Boden eines großen, feuerfesten Schmortopfs mit dem Olivenöl bedecken. Die Lammkeule und die Fettstücke in den Topf einlegen.
2 Für das Dressing in einer kleinen Schüssel den Zitronensaft mit dem Olivenöl, Knoblauch, Oregano und Salz vermischen. Das Dressing kann bis zu 3 Tage im Voraus zubereitet und im Kühlschrank aufbewahrt werden. Sind die Zitronen zu sauer, 1–2 Esslöffel Wasser untermischen.
3 Die Lammkeule ohne Deckel 20 Minuten im Ofen anbraten. Mit einem Teil des Dressings beträufeln und die Hitze auf 180 °C (Umluft 160 °C) reduzieren. Soll das Fleisch innen noch leicht blutig sein, die Keule 2 Stunden braten; ein Fleischthermometer, das in die Mitte gesteckt wird, sollte 65 °C anzeigen. Innen rosa

gebratenes Fleisch braucht 2½ Stunden (Fleischthermometer 71 °C), durchgebratenes Fleisch 3 Stunden (Fleischthermometer 77 °C).
4 Die Kartoffeln 1¼ Stunden vor Ende der Garzeit in den Schmortopf geben. Die Lammkeule und die Kartoffeln alle 20 Minuten mit Dressing und ausgetretenem Bratensaft beträufeln.
5 Lammkeule und Kartoffeln auf einer Servierplatte anrichten und warm stellen. Das Fleisch vor dem Aufschneiden 10 Minuten ruhen lassen. Auf dem Bratensaft schwimmendes Fett abschöpfen und den Bratensaft in eine Sauciere füllen. Das Fleisch in Stücke schneiden und mit dem Bratensaft servieren.

VARIANTE: Die Lammkeule wie beschrieben vorbereiten. Für das Dressing statt Oregano jedoch 2 frische Rosmarinzweige von je 30 cm Länge verwenden. Links und rechts von der Lammkeule je 1 Rosmarinzweig in den Topf legen. Weiter nach Rezeptangabe vorgehen.

Filetsteak mit scharfer Sauce und Rucola

Bistecca alla diavola con rucola

Die Italiener lieben sehr blutig gebratenes Fleisch – ganz besonders in der Toskana. Die Zubereitung von Steaks auf toskanische Art, über Holzkohle, kann man auf beeindruckende Weise im Ristorante dei Laghi beobachten. Es liegt in der Nähe der Fattoria Montellucci, wo wir unsere Kochkurse veranstalten. Das Ristorante ist ein wahres Paradies für Fleischliebhaber – ein einladender Familienbetrieb, den zahllose Jagdtrophäen zieren. Hier bereitet man die beste bistecca alla fiorentina zu. Im Gegensatz zur bodenständigen Küche im Ristorante dei Laghi beinhaltet dieses Rezept eine sehr gehaltvolle, scharfe Sauce, die perfekt mit dem Rindfleisch harmoniert. Übernommen habe ich von dem Ristorante jedoch die Servieridee: in Scheiben geschnittenes Steak auf einem Rucolabett.

FÜR 4 PERSONEN

2 EL Olivenöl
4 Filetsteaks, je 175 g
Salz und frisch gemahlener schwarzer Pfeffer
2 EL Aceto Balsamico
6 EL trockener Rotwein
4 EL sehr kräftige Rinderbrühe, frisch
   zubereitet
2 Knoblauchzehen, gehackt
1 TL zerstoßene Fenchelsamen
1 EL italienisches Tomatenmark
½ TL zerstoßene getrocknete Chilischote
   (oder nach Geschmack dosieren)
200 g Rucola, gewaschen und trocken-
   geschwenkt
Gehackte Petersilie zum Servieren

1 Das Öl in einer beschichteten Pfanne sehr heiß werden lassen. Die Steaks einlegen und von beiden Seiten je 2 Minuten braten, bis sie innen blutig bis rosa (medium rare) sind.

2 Die Steaks aus der Pfanne nehmen, mit Salz und Pfeffer würzen und warm stellen. Den Essig, Rotwein und die Rinderbrühe in die heiße Pfanne gießen und etwa 30 Sekunden kochen lassen, dabei den Bratsatz vom Pfannenboden losschaben.

3 Den Knoblauch und die Fenchelsamen hinzufügen. Das Tomatenmark und die zerstoßene Chilischote unterrühren. Die Sauce zum Kochen bringen und sirupartig einkochen lassen.

4 Die Steaks auf ein Schneidbrett legen und in dicke Scheiben schneiden. Rucola als Bett auf vier vorgewärmten Tellern verteilen und die aufgeschnittenen Steaks darauf anrichten. Den ausgetretenen Steaksaft unter die Sauce rühren, aufkochen lassen und mit Salz und Pfeffer abschmecken. Die Sauce über das Fleisch gießen. Mit gehackter Petersilie garnieren und sofort servieren.

Rinderschmorbraten Florentiner Art

Stracotto alla fiorentina

Pino Luongo präsentiert hier ein klassisches toskanisches Rezept, das aufs Beste veranschaulicht, wie ein weniger teures Stück Fleisch durch langes Garen und aromatische Zutaten wunderbar zart wird.

FÜR 8 PERSONEN

1,8 kg Rindfleisch aus der Schulter oder Hüfte, Fettauflage vom Metzger entfernt

Salz und frisch gemahlener schwarzer Pfeffer

50 ml Olivenöl

1 frische Fenchelknolle, gewürfelt

2 weiße Zwiebeln, gewürfelt

2 Stangen Bleichsellerie, in kleine Stücke geschnitten

2 Möhren, gewürfelt

1 Knoblauchknolle, halbiert

2 Lorbeerblätter

4 frische Thymianzweige

4 frische Salbeiblätter

50 g getrocknete Steinpilze

1 Flasche trockener Rotwein

1 l kräftiger Fleischfond, etwa aus Kalbfleisch

1 Dose gehackte italienische Tomaten (400 ml)

250 g Perlzwiebeln, geschält

Stracotto heißt „zerkocht". Die italienische Vorsilbe stra bedeutet stets „zu viel", doch in Bezug auf dieses Gericht heißt das nichts Negatives. Das Fleisch wird so zart, dass es beinah auseinander fällt. Das Aroma der Sauce hängt von der Qualität des Rotweins ab. Eine Spezialität aus Florenz und sehr gut. PL

1 Den Ofen auf 200 °C (Umluft 180 °C) vorheizen. Das Fleisch rundum mit Salz und Pfeffer einreiben.

2 Das Öl in einen ovalen, feuerfesten Schmortopf gießen und auf dem Boden gleichmäßig verlaufen lassen. Das Öl stark erhitzen und das Fleisch rundum scharf anbraten, damit sich die Poren rasch schließen und kein Saft verloren geht.

3 Das Fleisch aus dem Topf nehmen und auf einem Teller beiseite stellen. Den Topf nicht auswaschen, denn der Bratensatz auf dem Topfboden sorgt für das nötige Aroma. Das vorbereitete Gemüse, den Knoblauch, die Kräuter und die Steinpilze in den Topf füllen und unter ständigem Rühren 15 Minuten braten, bis die Zutaten karamellisiert sind und ihr volles Aroma entfaltet haben.

4 Den Wein dazugießen (er nimmt alle Aromen auf) und um drei Viertel einkochen lassen. Den Fleischfond aufgießen, die Tomaten hinzufügen und das Fleisch wieder in den Topf legen. Zum Kochen bringen. Vom Herd nehmen und zugedeckt in den Ofen schieben.

5 Das Fleisch 2 Stunden im Ofen garen. Mit einer Gabel den Garzustand prüfen: Das Fleisch ist gar, wenn die Gabel sich problemlos hineinstecken und wieder herausziehen lässt, ohne das Fleisch dabei anzuheben. Das Fleisch aus dem Topf nehmen und die Sauce durch ein Sieb passieren (für eine gebundene Sauce können Sie sie auch mit dem Gemüse pürieren). Ist die Sauce zu dickflüssig, nach Belieben Wasser hinzugießen. Die Perlzwiebeln hineingeben und in 10–20 Minuten weich garen.

6 Den Braten in Scheiben schneiden, auf Tellern anrichten, mit etwas Sauce beschöpfen und einige Zwiebeln darüber verteilen. Mit knusprig gebackenem toskanischem Brot servieren.

8

Gemüse
und Salate

Gebackener Tomaten-Eierkuchen

Crostata di pomodorini [V]

Valentina Harris, namhafte Lehrerin der italienischen Küche, präsentiert hier ein einfaches Gericht, das die Vorliebe der Italiener für einfallsreiche Kombinationen von Eiern und Gemüse veranschaulicht. Das Ergebnis ist ein ebenso schmackhafter wie farbenfroher Eierkuchen, der im Ofen gebacken wird. Besonders gut passt dieser zu einem ausgiebigen Brunch.

FÜR 4 PERSONEN

Öl und frisch geriebener Parmesan für
 die Form
400 g Cocktailtomaten
2 EL natives Olivenöl extra
4 Eier
2 EL Mehl
200 ml süße Sahne oder Crème fraîche
40 g Parmesan, frisch gerieben
40 g Pecorino romano, frisch gerieben
1 Hand voll zerpflücktes frisches Basilikum
Salz und frisch gemahlener schwarzer Pfeffer

In diesem Gericht finden frische Cocktailtomaten und beste Landeier eine ideale Verwendung. Italienische Eier besitzen besonders farbkräftige Eigelbe, da dem Hühnerfutter viel Mais beigemischt wird; darum haben auch frische Pasta und Omeletts eine solch schöne goldgelbe Farbe. Dieses Gericht wartet mit einer besonderen Farbkombination auf: herrlich gelbe Eier, frisches grünes Basilikum und intensiv rote Tomaten. VH

1 Den Ofen auf 200 °C (Umluft 180 °C) vorheizen.
2 Den Boden einer Pizza- oder Pieform (20 cm Durchmesser) mit Öl bestreichen und mit etwas Parmesan bestreuen.
3 Die Tomaten waschen und trockentupfen. In Kreisen von außen nach innen in der Form verteilen und mit dem Olivenöl beträufeln.

4 Die Eier mit dem Mehl, der Sahne, beiden Käsesorten und dem Basilikum verquirlen, mit Salz und Pfeffer würzen und die Mischung über die Tomaten gießen. 20–25 Minuten im Ofen backen, bis die Eimasse fest geworden ist und eine schöne goldgelbe Farbe angenommen hat. Heiß oder kalt aus der Form oder auf eine Platte gestürzt servieren.

Bohnenpüree aus Apulien

'Ncapriata [V]

Claudia Rodens Rezept für Bohnenpüree ist ein klassisches Beispiel für die Bohnengerichte, die seit vielen Jahrhunderten in Süditalien gegessen werden. Manchmal bereitet man sie auch sehr flüssig zu und serviert sie als Suppe, aber das Püree ist auch ein guter Dip zu Brot oder Grissini. Eine typisch süditalienische Spezialität, für die die Bohnen entweder mit Wilder Zichorie oder mit Frühlingszwiebeln und Paprikaschoten kombiniert werden.

FÜR 4 PERSONEN

300 g getrocknete, bereits enthäutete
   Dicke Bohnen
2 Stangen Bleichsellerie, fein gehackt
1 große Kartoffel, fein gehackt
2 mittelgroße Zwiebeln, fein gehackt
Salz
125 ml natives Olivenöl extra (eventuell
   mehr)

Püree aus getrockneten Dicken Bohnen galt stets als „Arme-Leute-Essen" – etwas, das die Bauern zur Stärkung auf die Felder mitnahmen. Inzwischen hat es jedoch neue Beliebtheit erlangt und ist in Apulien, Sizilien und Kalabrien geradezu „in Mode" gekommen. In Kalabrien, wo man das Püree macco di fave *nennt, sowie in Sizilien, wo es* maccu *heißt, wird es mit gekochter Pasta oder auch mit Reis kombiniert. In Sardinien heißt es* favata *und wird mit Tomaten und Kardonen zubereitet.* CR

1 Die Bohnen über Nacht in Wasser einweichen.
2 Die Bohnen abgießen, abspülen und mit dem Sellerie, der Kartoffel und den Zwiebeln in einen Topf füllen. Mit Wasser bedecken und bei schwacher Hitze etwa 2 Stunden köcheln lassen, ab und zu umrühren.
3 Gegen Ende der Garzeit Salz nach Geschmack und etwas Olivenöl unterrühren. Die Mischung in der Küchenmaschine pürieren, dabei so viel Olivenöl unterschlagen, dass ein geschmeidiges Püree entsteht.

TIPP: Das Püree wird meist mit gekochter Wilder Zichorie serviert. Ersatzweise eignen sich krause Endivie, mit Öl übergossen, oder gebratene Paprikaschoten, Zwiebeln und Tomaten.

Rote-Bete-Radicchio-Salat

Insalata di barbabietole e radicchio [V]

Viana la Place ist eine Meisterin feiner Salat-
kreationen. Dieser Salat stammt aus dem
Norden Italiens und veranschaulicht ein weiteres
Mal, wie gern man hier verschiedene Aromen
und Texturen kombiniert.

FÜR 4 PERSONEN

4–5 kleine Rote Beten von etwa 3 cm
    Durchmesser, mit frischen Blättern
1 mittelgroßer Radicchio
40 g frische Walnüsse, grob gehackt
3 EL natives Olivenöl extra
1 EL Rotweinessig
1 EL Aceto Balsamico
Salz und frisch gemahlener schwarzer Pfeffer

Ein exquisiter Salat von tief roter Farbe, dessen Reiz in der unterschiedlichen Konsistenz der weichen Roten Beten und des knackigen Radicchio sowie der Walnüsse liegt. Die Roten Beten werden im Ofen gebacken, bis sie weich sind, und dann in sehr dünne Scheiben geschnitten. Das Backen verstärkt ihren süßen Geschmack, der zusätzlich durch den Balsamico im Dressing unterstützt wird. Der festliche Salat passt ideal zu einem Weihnachtsessen. Serviert werden sollte er separat von anderen Speisen, da Rote Bete alles, womit sie in Berührung kommt, sofort intensiv rosa färbt. Am besten sind kleine Rote Beten mit frischen Blättern. In Streifen geschnitten und in Olivenöl mit Knoblauch gebraten, schmecken auch die Blätter ganz köstlich. VLP

1 Den Ofen auf 230 °C (Umluft 210 °C) vorheizen. Die Blätter von den Roten Beten abschneiden. Sind die Blätter sehr frisch, diese aufbewahren und später zubereiten, wie oben beschrieben.
2 Die Roten Beten in Alufolie wickeln und die Enden fest verschließen. Auf ein Backblech legen und in den heißen Ofen schieben. So lange backen, bis sie weich sind, aber noch leichten Widerstand bieten, wenn Sie mit einem Metallspieß hineinstechen. Aus der Folie wickeln, abkühlen lassen, schälen und in sehr dünne Scheiben schneiden oder hobeln.
3 Den Radicchio längs halbieren und unter fließendem kaltem Wasser waschen. Gut trockentupfen. Das Herzstück entfernen und die Blätter in schmale Streifen schneiden.

4 Die Rote-Bete-Scheiben in der Mitte einer runden Servierplatte anrichten und den Radicchio darum verteilen. Die Walnüsse darüber streuen. Mit dem Olivenöl und den zwei Essigsorten beträufeln und mit Salz und Pfeffer würzen. Den Salat entweder auf der Servierplatte reichen und vor Ihren Gästen mischen oder bereits vermischt servieren. Wie Sie es auch machen, Sie präsentieren auf jeden Fall ein attraktive Optik.

Fenchel-Endivien-Orangen-Salat mit Orangen-Oliven-Dressing

Insalata di finocchio, arancia e scarola [V]

Dieser Salat ist typisch für die süditalienische Küche. Das Besondere daran ist der Gegensatz von weichen und knackigen Texturen sowie süßen und bitteren Aromen. In Italien reicht man Salat nach dem Hauptgang, quasi um den Gaumen zu neutralisieren für den nächsten Gang, und diesen Salat schätzen meine Gäste ganz besonders nach einem Fischgericht. Durch das Marinieren im Orangen-Oliven-Dressing wird der dünn geschnittene Fenchel schön weich. Die krause Endivie gibt dem Salat eine sehr erfrischende Note.

FÜR 4 PERSONEN

2 Orangen
2 Fenchelknollen mit reichlich frischem Grün
125 g glatte oder krause Endivie (Frisée)

FÜR DAS DRESSING:
Abgeriebene Schale und frisch gepresster Saft
    von 1 unbehandelten Orange
6 EL natives Olivenöl extra
2 EL fein gehacktes frisches Basilikum
2 EL entsteinte, fein gehackte griechische
    schwarze Oliven
2 sonnengetrocknete Tomaten in Öl,
    fein gehackt
Salz und frisch gemahlener schwarzer
    Pfeffer

1 Zunächst das Dressing zubereiten. Dafür die Zutaten in einer großen Schüssel vermischen. Mit Salz und Pfeffer würzen. Einige Zeit stehen lassen, damit sich die Aromen entfalten können.

2 Inzwischen die Orangen mit einem scharfen Messer schälen, dabei auch das weiße Innere der Schale vollständig entfernen. Die Orangenspalten aus den Innenhäuten lösen und in einer Schüssel beiseite stellen. Die Fenchelknollen vom Wurzelansatz, angetrockneten Schuppenblättern sowie den Stängeln mit dem frischen Grün befreien, die Stängel wegwerfen, das fedrige Grün aufbewahren. Von der Schnittstelle am Wurzelansatz aus die Fäden nach oben abziehen.

3 Die Fenchelknollen halbieren. Das harte Herzstück keilförmig herausschneiden, ohne dass sich die Blätter voneinander lösen. Die Hälften mit einem scharfen Messer in sehr dünne Scheiben schneiden. Sofort zusammen mit den Orangenspalten in dem Dressing vermischen, damit der Fenchel sich nicht verfärbt. An einem kühlen Ort 15 Minuten marinieren lassen.

4 Die Endivie putzen, waschen und trockenschwenken. Die Blätter voneinander lösen und bei Bedarf in mundgerechte Stücke zupfen. Vorsichtig unter den Fenchel mischen. Den Salat in einer sauberen Schüssel anrichten, mit dem gehackten frischen Fenchelgrün garnieren und sofort servieren.

Zucchini und Möhren *a scapece*

Zucchini e carote a scapece [V]

Wer dieses Gemüse probiert, weiß sofort, dass es sich um eine Spezialität aus Süditalien handelt. Ich habe es schon überall im Süden in vielen Varianten gegessen. Besonders beliebt ist das Gericht auf Sizilien, wo man es stets mit Minze verfeinert. Die süßsäuerliche Geschmackskombination in Verbindung mit den salzigen Kapern wird hier sehr geschätzt, und a scapece *weist auf das Einlegen des Gemüses in Essig hin. Zucchini und Möhren müssen goldbraun gebraten werden und karamellisieren, ehe man den Essig und die Minze hinzugibt. Ein einfaches Gericht, aber ein wichtiger Bestandteil der südlichen Küche.*

FÜR 4 PERSONEN

4 EL Olivenöl
3 mittelgroße Zucchini, in dünne Scheiben geschnitten
3 mittelgroße Möhren, in dünne Scheiben geschnitten
Salz und frisch gemahlener Pfeffer
2 EL Weißweinessig
2 EL gehackte frische Minze
1 EL in Salz eingelegte Kapern, abgespült und grob gehackt
Frische Minzezweige zum Garnieren

1 Das Olivenöl in einer Pfanne erhitzen und das in Scheiben geschnittene Gemüse darin portionsweise goldbraun braten, dabei gelegentlich wenden. Mit einem Schaumlöffel herausheben, das Öl über der Pfanne abtropfen lassen und das Gemüse in eine Servierschüssel füllen. Mit Salz und Pfeffer würzen.

2 Den Essig mit der gehackten Minze in der Pfanne aufkochen, sofort über das Gemüse gießen und alles vorsichtig vermischen. Mindestens 30 Minuten bei Raumtemperatur stehen lassen, damit sich die Aromen entfalten können. Mit den Kapern bestreuen und mit Minzezweigen garnieren.

Bratkartoffeln mit Knoblauch und Zitrone

Patate arroste con aglio e limone [V]

Die Kartoffel ist eine relativ neue Zutat in der italienischen Küche, stammt sie doch aus der Neuen Welt. Bis zum 19. Jahrhundert diente sie als Viehfutter, bis ein Mönch eine Abhandlung darüber verfasste, wie man die Knollen zu kochen hatte. Heute kann sich niemand mehr die italienische Küche ohne Kartoffeln vorstellen. Bei dieser speziellen Zubereitung werden die Nährstoffe bewahrt und Zitrone und Knoblauch auf typisch süditalienische Weise verwendet.

FÜR 4 PERSONEN

500 g mittelgroße, fest kochende Kartoffeln
6 EL Olivenöl
4 Knoblauchzehen, ungeschält
Frischer Thymian oder Rosmarin, gehackt
Abgeriebene Schale von 1 unbehandelten
　Zitrone
Grobes Meersalz

1 Die Kartoffeln längs vierteln, mit kaltem Wasser bedecken und 10 Minuten wässern. Abgießen, trockentupfen.
2 In einer feuerfesten Kasserolle 4 Esslöffel Öl sehr heiß werden lassen. Die Kartoffeln und den Knoblauch hineingeben, die Hitze reduzieren und die Kartoffeln braun anbraten. Die Kräuter und die Zitronenschale hinzufügen, zuge-

deckt 15 Minuten dämpfen. Den Deckel entfernen und die Temperatur erhöhen, sodass die Flüssigkeit verdampft und die Kartoffeln knusprig werden.
3 Das restliche Öl unterrühren. Mit reichlich Salz und zusätzlichen Kräutern bestreuen und servieren. Den Knoblauch aus der Schale direkt auf den Teller drücken und zu den Kartoffeln essen.

Peperonata mit eingesalzenen Sardellen

Peperonata con acciughe salate

Paprikaschoten gelangten nach Italien erst durch die Spanier, die diese in der Neuen Welt entdeckt hatten. Peperonata ist ein unvergleichliches Gemüseragout aus Paprikaschoten und Tomaten, die voll ausgereift und ganz frisch sein sollten. Wer dieses Gericht jemals mit sonnengereiftem italienischem Gemüse zubereitet hat, wird den herrlichen Geschmack nie vergessen. Das Geheimnis dieses Rezepts liegt in den eingesalzenen Sardellen, die einen raffinierten Kontrast zum süßen Gemüse bilden. Peperonata passt zu einer Auswahl verschiedener Gemüsegerichte, zu gegrilltem Fisch oder frittata (Omelett).

FÜR 4 PERSONEN

3 EL Olivenöl
2 mittelgroße Zwiebeln, in Scheiben
3 Knoblauchzehen, gehackt
Je 2 gelbe und rote Paprikaschoten
1 kg reife Tomaten, enthäutet, ersatzweise
　2 Dosen italienische gehackte Tomaten
　(je 400 g)
6 eingesalzene Sardellen, entgrätet, gespült
Salz und frisch gemahlener schwarzer Pfeffer

1 Das Olivenöl in einem Topf erhitzen. Die Zwiebeln und den Knoblauch mindestens 20 Minuten bei schwacher Hitze darin dünsten, bis sie goldgelb und karamellisiert sind.
2 Die Paprikaschoten halbieren, von Stielansatz, Samen und Scheidewänden befreien und das Fruchtfleisch in breite Streifen schneiden. Zu den Zwiebeln geben und zugedeckt in 10 Minuten weich braten.

3 Die Tomaten von Stielansatz und Samen befreien, das Fruchtfleisch hacken. Die Sardellen ebenfalls hacken. Tomaten und Sardellen unter die Paprikamischung rühren. Ohne Deckel 30–45 Minuten köcheln lassen.
4 Sobald das Gemüse weich und die Mischung stark eingekocht ist, mit Salz und Pfeffer abschmecken. In eine Schüssel füllen und warm oder von Raumtemperatur servieren.

Frittata mit Spaghetti und Tomaten

Frittata di spaghetti al pomodoro e basilico [V]

Pino Luongos Rezept verwandelt übrig behaltene Pasta in ein ganz neues, frisches Gericht. Ein wunderbares Beispiel für das Geschick italienischer Köche, die niemals etwas wegwerfen. Für die *frittata* benötigt man eine feuerfeste Pfanne, um die Eimasse im Ofen gleichmäßig stocken zu lassen und auch der Oberseite eine schöne Farbe mitzugeben.

FÜR 4 PERSONEN

225 g Spaghetti, *al dente* gekocht
450 ml Tomatensauce
3 reife Tomaten
40 g Parmesan, frisch gerieben
5 frische Basilikumblätter, gehackt
3 große Eier
Salz und frisch gemahlener schwarzer Pfeffer
3 EL natives Olivenöl extra
115 g Mozzarella aus Büffelmilch
5 Basilikumblätter zum Garnieren

Frittata ist ein vielseitiges, einem Omelett ähnliches Gericht und in Italien sehr beliebt. Es kann zu beinahe jeder Tageszeit serviert werden. Übrig behaltene Speisen, insbesondere Pasta, lassen sich darin wunderbar verwerten. Wir verwenden hier Spaghetti, doch Saisongemüse, Käse oder andere Pastasorten eignen sich ebenso gut. PL

1 Den Ofen auf 200 °C (Umluft 180 °C) vorheizen. In einer großen Schüssel die Spaghetti mit der Tomatensauce vermischen. Die Tomaten nach Belieben enthäuten, von den Samen befreien und das Fruchtfleisch würfeln. Zusammen mit dem Parmesan und dem Basilikum unter die Spaghetti mischen.

2 In einer weiteren Schüssel die Eier mit wenig Salz, aber reichlich Pfeffer verquirlen. Die Eier unter die Spaghettimischung rühren.

3 Eine feuerfeste, beschichtete Pfanne von 30 cm Durchmesser heiß werden lassen. Das Olivenöl darin erhitzen, bis es zu rauchen beginnt.

4 Die Spaghettimischung langsam in die Pfanne gießen, sodass das Öl nicht spritzt. Die Pfanne schwenken, um die Mischung gleichmäßig zu verteilen. Bei starker Hitze 3 Minuten braten. Anschließend die Pfanne für 10 Minuten in den heißen Ofen schieben, bis die Eier gleichmäßig gestockt sind.

5 Die *frittata* ist fertig, wenn an einem hineingesteckten Holzspieß kein Ei mehr haften bleibt. Auf eine große Platte stürzen.

6 Die Mozzarella in Würfel schneiden und auf der *frittata* gleichmäßig verteilen. Mit den Basilikumblättern bestreuen und sofort servieren.

Caponata

Caponata [V]

Caponata gehört zu den Nationalgerichten Siziliens, jede Familie besitzt ihr eigenes Rezept. Unverzichtbare Zutaten sind Auberginen, Sellerie, Tomaten, Kapern, Nüsse und Essig. Die köstlich süß säuerliche Gemüsemischung wird als antipasto *oder Gemüsebeilage serviert. Der Name leitet sich von* caupone *ab, den Seemannskneipen, in denen man das Gericht mit den harten Keksen der Seeleute zubereitete. Diese wurden zuvor in Essig eingeweicht – inzwischen sind sie von der Zutatenliste verschwunden. Wie die meisten sizilianischen Spezialitäten wird* caponata *von Raumtemperatur serviert. Die beste Variante, die ich je probiert habe, bereitet meine Kollegin und Freundin Carla Tomasi zu.*

FÜR 6 PERSONEN

4 mittelgroße Auberginen, in mundgerechte
   Würfel geschnitten

Salz

Olivenöl

1 mittelgroße Zwiebel, gehackt

2 Stangen Bleichsellerie, in Scheiben
   geschnitten

8 reife Tomaten, vom Stielansatz befreit und
   grob gehackt, ersatzweise 1 Dose gehackte
   italienische Tomaten (400 g)

3 EL Rosinen

2 EL in Salz eingelegte Kapern, gründlich
   abgespült

15 grüne Oliven, entsteint

Etwa 3 EL Rotweinessig

Etwa 1 EL Zucker

Frisch gemahlener schwarzer Pfeffer

Geschälte Mandeln, geröstet und gehackt,
   zum Garnieren

Gehackte Petersilie zum Garnieren

1 Die Auberginenwürfel in einem Sieb mit Salz betreuen und 30 Minuten Wasser ziehen lassen.

2 Etwas Olivenöl in einem Topf erhitzen. Die Zwiebel mit dem Bleichsellerie darin in 5 Minuten weich dünsten, ohne dass sie Farbe annehmen. Die Tomaten und Rosinen hinzufügen und unter gelegentlichem Rühren in 15 Minuten dick einköcheln lassen. Die restlichen Zutaten (außer den Garnituren) dazugeben und weitere 15 Minuten köcheln lassen.

3 Die Auberginen abspülen und trockentupfen. Portionsweise in heißem Olivenöl goldbraun frittieren. Auf Küchenpapier gut abtropfen lassen.

4 Auberginen unter die Tomatensauce mischen. Mit Salz und Pfeffer abschmecken. Mindestens 30 Minuten stehen lassen, damit sich die Aromen vor dem Servieren entfalten können. In einer Schüssel anrichten, mit Mandeln und Petersilie bestreuen und warm oder lauwarm servieren.

Gegrillte Artischocken mit Katzenminze-*salmoriglio*

Carciofi arrostiti con nepitella e salmoriglio [V]

Anna Tasca Lanza hat für uns ein wunderbares Artischockenrezept mit der wild wachsenden Katzenminze herausgesucht. Überall dort, wo diese Minze wächst, verwendet man sie auch in der regionalen Küche. Die Toskaner verfeinern damit gern Wildpilze. *Salmoriglio* ist eine würzige Sauce mit Knoblauch, Zitronensaft und Kräutern.

Auf Sizilien wird Katzenminze nur in bestimmten Regionen zum Kochen verwendet: Auf der Insel Salina wächst sie in großer Fülle, und darum macht man in der Küche auch reichlich Gebrauch davon. Der Gattungsname von Katzenminze, Nepeta, ist von der etruskischen Stadt Nepe abgeleitet, die in der Provinz Viterbo liegt und heute Nepi heißt. Hier wurden früher große Mengen der Minze angebaut. Die Bezeichnung „Katzenminze" verweist darauf, dass sie auf Katzen eine magische Anziehungskraft ausübt. Das folgende Rezept ist für sehr kleine Artischocken vorgesehen. Die Blätter können dennoch Stacheln aufweisen und sollten vorsichtig gehandhabt werden. ATL

FÜR 4 PERSONEN

FÜR DEN *SALMORIGLIO*:

3 Knoblauchzehen, zerdrückt
Saft von 4 Zitronen (mindestens 125 ml)
50 g frische Katzenminzeblätter, ersatzweise
  je 25 g frische Minze- und Oreganoblätter
Salz und Chilipulver
125 ml Olivenöl

2 Zitronen
2 kg sehr kleine, junge Artischocken, äußere
  Blätter entfernt (siehe Rezept für *Carciofi
fritti*, Seite 36)

1 Für den *salmoriglio* den Knoblauch mit dem Zitronensaft vermischen und die Katzenminze, Salz und Chilipulver zufügen. Das Olivenöl gründlich unterrühren.
2 Die Zitronen auspressen und den Saft in eine Schüssel mit kaltem Wasser gießen. Die Artischocken halbieren und sofort in das Zitronenwasser legen, damit sie sich nicht verfärben.
3 Die Artischocken trockentupfen und auf einem Holzkohlegrill rundum gold-braun grillen. Noch heiß unter den *salmoriglio* mischen und bis zum Servieren einige Minuten stehen lassen. Im Kühlschrank halten sie sich 1 Woche.
4 Große Mengen dieser Artischocken kann man in sterilisierten Gläsern haltbar machen: Mit Speise- und Olivenöl (zu gleichen Teilen) bedecken, die Gläser verschließen und 20 Minuten in heißem Wasser köcheln lassen. Mit einer Zange herausnehmen, abkühlen lassen.

FRANCESCA ROMINA

Schneller Eintopf aus frischem Gemüse

Stu rapido con verdure [V]

Francesca Romina ist eine New Yorkerin aus Sizilien, die in ihrer Little Italy Cook School die Küche ihres Heimatlandes lehrt. Sie ist voller Begeisterung für die heimatlichen Speisen und all die frischen Zutaten. Dieses Gericht ist ein Beispiel für die einfache bäuerliche Küche Italiens, in dem die Zutaten der Saison aufs Beste verarbeitet werden. Frische Eier sorgen für mehr „Gehalt". Die Sizilianer lieben Flaschenkürbisse ebenso sehr wie Zucchini, insbesondere eine hellgrüne, krumme Sorte, die als Gemüse verwendet und zu Konfitüre gekocht wird.

FÜR 4 PERSONEN

675 g mittelgroße grüne Flaschenkürbisse
    oder Zucchini
125 ml natives Olivenöl extra
1 mittelgroße gelbe Zwiebel, in dünne
    Scheiben geschnitten
1 große Kartoffel, geschält und in
    1 cm große Würfel geschnitten
Salz
125–250 ml Tomatensauce oder 1 wirklich
    große, sehr reife Tomate, enthäutet, von
    Samen und Stielansatz befreit, gehackt
½ TL fein zerdrückter Oregano ohne Stängel
10 große Basilikumblätter, fein zerpflückt
Frisch gemahlener schwarzer Pfeffer
4 große Eier
Etwas Caciocavallo, Canestrato, Provolone
    oder Pecorino romano, gerieben

In Ciminna wird dieser Eintopf gern zubereitet, um frisches Gartengemüse zu verwerten. Man serviert ihn zum Mittagessen oder abends als Imbiss mit belegten Broten, frittata oder übrigbehaltenen Speisen. Ich gebe an diesen Gemüsetopf immer etwas Tomatensauce oder gehackte frische Tomaten für eine frische rote Farbe. Auch Eier gehören bei mir stets dazu – eine Tradition aus der bäuerlichen Küche Siziliens: Die Eier machen das Gericht gehaltvoller. Flaschenkürbisse wachsen auf Sizilien in jedem noch so kleinen Garten. Die Sizilianer bevorzugen cucuzza, eine grüne Sorte, die an eine Gurke erinnert. Die Zucchini sind hier hellgrün, etwa 30 cm lang und leicht krumm – sie eignen sich ebenso gut. Heute sind Zucchini leider meist sehr hart und längst nicht mehr so süß. Dafür fallen sie beim Garen nicht so schnell auseinander wie cucuzza und werden deshalb ersatzweise recht gern für den Eintopf verwendet. FR

1 Die Kürbisse oder Zucchini schälen, dabei schmale Streifen an den Früchten belassen für ein hübsches Aussehen. Längs vierteln und quer in 2,5 cm große Stücke schneiden.

2 Das Olivenöl in einer Pfanne bei mittlerer Temperatur erhitzen. Die Zwiebel und die Kartoffel darin, mit etwas Salz bestreut, unter gelegentlichem Rühren etwa 8 Minuten braten, bis die Zwiebel goldgelb und die Kartoffel leicht gebräunt ist. Die Kürbisse oder Zucchini dazugeben und in weiteren 8 Minuten goldgelb braten.

3 Die Tomatensauce oder die gehackte Tomate mit so viel Wasser hinzufügen, dass alles bedeckt ist. Oregano, Basilikum, 1 Teelöffel Salz und ½ Teelöffel Pfeffer einrühren. Zum Kochen bringen und halb zugedeckt bei schwacher Hitze köcheln lassen, bis der Eintopf einzukochen beginnt. Das dauert etwa 20 Minuten.

4 Die Eier eines nach dem anderen aufschlagen und vorsichtig auf den Eintopf gleiten lassen, aber nicht unterrühren. Das Gericht alle 10 Minuten probieren und bei Bedarf nachwürzen. Ohne Deckel weitere 15–20 Minuten köcheln lassen, bis die Eier gestockt sind und die Kartoffel sich mit einer Gabel zerdrücken lässt. 10 Minuten vor Ende der Garzeit 4 Esslöffel geriebenen Käse einstreuen. Mit zusätzlichem geriebenem Käse und sizilianischem Brot servieren.

9

Brot
und Pizza

Grundrezept für Pizzateig

Dieser Teig eignet sich sowohl für Pizza als auch für die etwas einfachere focaccia. *Der Teig für beide kann auch mit Roggenmehl zubereitet werden, das ihm einen kräftigeren Geschmack mitgibt.*

**ERGIBT 2 DÜNNE PIZZEN MIT JE
25–30,5 CM DURCHMESSER**

25 g frische Hefe, ersatzweise
  1 Päckchen Trockenhefe
1 Prise Zucker
250 ml lauwarmes Wasser
500 g Weizenmehl Type 405
2 EL Olivenöl
1 TL Salz
Mehl für die Arbeitsfläche
Öl für die Schüssel

1 In einer mittelgroßen Schüssel die frische Hefe mit dem Zucker in das Wasser einrühren und auflösen. Zugedeckt etwa 10 Minuten gehen lassen. Wird Trockenhefe verwendet, nach Hersteller-angabe vorgehen.

2 Das Mehl in eine große Schüssel sieben und eine Mulde in die Mitte drücken. Den Hefeansatz, das Olivenöl und das Salz hineingeben. Zuerst mit einer Gabel mit einem Teil des Mehls vermischen, dann mit den Händen weiterarbeiten.

3 Auf einer bemehlten Arbeitsfläche in 10 Minuten zu einem glatten, elastischen Teig verkneten, er sollte relativ weich sein und sich von der Schüsselwand lösen. Ist er zu weich, noch etwas Mehl unter-kneten. Zu einer Kugel formen.

4 Eine Schüssel mit Öl ausstreichen, den Teig hineinlegen und mit einem feuchten Küchentuch bedecken. Etwa 1 Stunde an einem warmen, zugfreien Ort gehen lassen, bis sich das Volumen nahezu verdoppelt hat.

Grissini

Grissini [V]

Grissini stammen aus Turin im Norden Italiens, wo die von Hand geformten Knabberstangen bevorzugt werden. Mit dem Fertig-produkt, das man überall kaufen kann, haben sie nichts gemein. Selbst gebackene Grissini schmecken nicht nur besser, sondern haben auch eine bessere Konsistenz. Die Zubereitung macht außerdem großen Spaß. Eine wunderbare Knabberei zu einem Drink.

ERGIBT ETWA 40 STÜCK

½ Rezeptmenge Pizzateig (siehe oben)
Grobes Salz, Sesamsamen, Mohnsamen,
  zerstoßener Pfeffer oder andere Gewürze
  zum Bestreuen
Roher Schinken (*prosciutto*) als Beilage
  (nach Belieben)

1 Den Teig auf einer gut bemehlten Ar-beitsfläche zu nicht zu großen, dünnen Rechtecken ausrollen. Entlang den Längs-seiten in 1,5 cm breite Streifen schneiden, locker zusammenrollen und an den Enden spitz zusammendrücken.

2 Die Rollen dünn mit Wasser bestrei-chen und mit den gewünschten Gewürzen bestreuen. Auf ein mit Backpapier aus-gelegtes Blech legen und im vorgeheizten Ofen bei 200 °C (Umluft 180 °C) in 5–8 Minuten goldbraun und knusprig backen. Vollständig abkühlen lassen.

3 Zum Servieren mit Schinkenstreifen umwickeln oder einfach so zu einem Drink reichen.

Weiße Zwiebel-Mozzarella-Pizza

Pizza in bianca con cipolle e ulive

Für eine pizza in bianca wird vollständig auf Tomatensauce verzichtet. Dennoch ist diese Pizza aus dem Süden äußerst saftig, denn die Zwiebeln werden zuvor in Olivenöl sämig weich gebraten. Hinzu kommen Kräuter, Sardellen und schwarze Oliven.

ERGIBT 2 PIZZEN MIT JE 30 CM DURCHMESSER

1 Grundrezept Pizzateig (siehe linke Seite)
6 EL Olivenöl
1 kg Zwiebeln, in dünnen Scheiben
1 EL gehackter frischer Rosmarin
2 TL getrockneter Oregano
Salz und frisch gemahlener schwarzer Pfeffer
2 Mozzarella, abgetropft, in dünnen Scheiben
2 EL frisch geriebener Parmesan
12 Sardellenfilets in Öl, abgetropft
15 schwarze Oliven, entsteint
Rosmarinzweige zum Garnieren

1 Den Pizzateig nach Rezeptangaben zubereiten und gehen lassen.
2 Das Öl in einem Topf erhitzen und die Zwiebeln darin etwa 20 Minuten unter gelegentlichem Rühren dünsten, bis sie goldgelb und sehr weich sind, sie sollen jedoch keine Farbe annehmen. Die Kräuter unterrühren, mit Salz und Pfeffer würzen.
3 Den Pizzateig halbieren und zu zwei Kreisen von 5 mm Dicke ausrollen oder mit den Händen drücken. Auf zwei gut mit Mehl bestreute Bleche legen.

4 Die Teigflächen jeweils mit einer Schicht Mozzarellascheiben belegen und diese mit den Zwiebeln bedecken. Mit Parmesan bestreuen, die Sardellen und Oliven auf der Oberfläche verteilen.
5 Im vorgeheizten Ofen bei 240 °C (Umluft 220 °C) in 15–20 Minuten goldbraun und knusprig backen. Mit Rosmarin garnieren und sofort servieren.

Sfincione mit Kartoffel, Brät, Ricotta und Salbei

Sfincione di patata, salsicce, ricotta e salvia

Frische Ricotta verleiht der Füllung dieser „Pizza" eine wunderbar cremige Konsistenz, das Wurstbrät sorgt für einen würzig-salzigen Kontrast. Auf Sizilien heißt diese Spezialität sfincione. *Wir bereiten sie in einem alten Holzofen zu, in dem früher das Brot für die Landarbeiter auf La Gurra gebacken wurde, dem Bauernhof der Ravidà im sizilianischen Menfi. Ein unvergesslicher Genuss.*

ERGIBT 1 PIZZA MIT 30 CM DURCHMESSER

1 Grundrezept Pizzateig (siehe linke Seite)
2 EL Olivenöl, plus Öl zum Bestreichen
1 mittelgroße Kartoffel, klein gewürfelt
1 Zwiebel, in dünnen Scheiben
1 TL getrockneter Oregano
250 g rohe italienische Bratwurst, enthäutet
125 g frische Ricotta, zerkrümelt
2 EL gehackter frischer Salbei
Salz und frisch gemahlener schwarzer Pfeffer
2 EL frisch geriebener Parmesan

1 Den Pizzateig nach Rezeptangaben zubereiten und gehen lassen.
2 Das Öl in einer Pfanne erhitzen. Die Kartoffel und die Zwiebel 3–4 Minuten darin braten, bis die Zwiebel zu bräunen beginnt, dann den Oregano einrühren. In eine Schüssel füllen. Das Wurstbrät kurz anbraten.
3 Den Teig halbieren und jeweils zu einer dünnen, runden Platte (30 cm Durchmesser) ausrollen. Eine Teigplatte auf ein bemehltes Backblech legen. Die Kartoffel-

mischung darauf verteilen, aber einen Rand rundum frei lassen. Das Wurstbrät darüber geben, mit Ricotta und Salbei bedecken. Salzen und pfeffern.
4 Den Teigrand mit Wasser bestreichen, die zweite Teigplatte auflegen, die Ränder zusammendrücken und einrollen. Die Oberfläche mit Öl bestreichen, mit Parmesan bestreuen und 2–3 Löcher für den Dampfabzug hineinschneiden.
5 Im vorgeheizten Ofen bei 240 °C (Umluft 220 °C) 20 Minuten backen.

Toskanischer Brotsalat

Panzanella [V]

Stephanie Alexander präsentiert hier ihr Rezept für den klassischen toskanischen Brotsalat, der bei sorgfältiger Zubereitung wundervoll erfrischend schmeckt. Wichtig ist die richtige Menge kaltes Wasser, mit der das Brot beträufelt wird.

FÜR 4 PERSONEN

2 Scheiben altbackenes italienisches Weißbrot mit fester Krume

6 sehr reife Tomaten, gewürfelt

1 kleine rote Zwiebel, fein gehackt oder in dünne Scheiben geschnitten

½ Salatgurke, gewürfelt

1 Stange Bleichsellerie, in dünne Scheiben geschnitten

2 Knoblauchzehen, zerdrückt oder gehackt

20 g frische Basilikumblätter, zerpflückt

75 ml natives Olivenöl extra

2 EL Rotweinessig

Salz und frisch gemahlener schwarzer Pfeffer

Im Restaurant Nello La Taverno in Siena habe ich einmal panzanella *bestellt, um zu sehen, wie ein echter Toskaner den Salat zubereitet. Mit Freude konnte ich feststellen, dass meine Variante nur etwas stärker zerbröckelten Brots bedurfte. Dieses Restaurant bot eine wirkliche Offenbarung – besonders begeisterten uns frische Sardellen, in bestem Olivenöl mariniert, mit fein gehobelten weißen Trüffeln und einem Kuchen aus Kichererbsen und frischen Artischocken. Der Besitzer erklärte uns die Philosophie seiner Zubereitung: Die Zutaten sollten für sich selbst sprechen und die regionalen Traditionen widerspiegeln, die ihm dennoch Raum für eine persönliche Note einräumten. Was er nicht wusste – er sprach mir ganz und gar aus dem Herzen.* Panzanella *ist ein klassisches toskanisches Gericht, das man auch leicht in größerer Menge zubereiten kann. Unverzichtbar sind gutes Brot, gutes Öl und voll ausgereiftes Gemüse. Elizabeth Romer beschreibt in ihrem Buch „The Tuscan Year" (Das toskanische Jahr), dass in manchen Teilen der Toskana, ehe die Tomaten reif sind,* panzanella *auch nur aus Brot, Olivenöl, Zwiebeln und frischem grünem Knoblauch bestehen kann. SA*

1 Das Brot von der Rinde befreien und in kleine Stücke zerbröckeln.

2 Das Brot in einer Schüssel mit etwas kaltem Wasser beträufeln. Es sollte feucht, aber nicht aufgeweicht sein. Damit es gleichmäßig befeuchtet ist, mit den Fingern locker durchmischen.

3 Zwiebel, Gurke, Bleichsellerie, den Knoblauch und das Basilikum hinzufügen. Öl und Essig darüber träufeln und alles vorsichtig vermischen. Mit Salz und Pfeffer abschmecken. Den Salat etwa 30 Minuten durchziehen lassen und servieren.

Pikantes Gebäck mit schwarzem Pfeffer

Taralli [V]

Bei diesem Gebäck handelt es sich um eine Variante der salatini, *der knusprigen, salzigen Kekse, die in Italien gern zum Aperitif angeboten werden.* Taralli *sind eine Spezialität aus Apulien und Basilikata, sie werden erst „gebrüht" und dann gebacken.*

ERGIBT ETWA 40 STÜCK

500 g Mehl, erwärmt
2 EL fein zerstoßene schwarze Pfefferkörner
15 g frische Hefe, ersatzweise 1 Päckchen
    Trockenhefe
125 ml lauwarmes Wasser
3 EL natives Olivenöl extra, erwärmt
175 ml trockener Weißwein, erwärmt
Leicht zerstoßene schwarze Pfefferkörner
    oder grobes Meersalz zum Bestreuen

1 Das Mehl in eine Schüssel sieben und den Pfeffer untermischen.

2 Die frische Hefe zerkrümeln und unter das lauwarme Wasser schlagen, bis sie sich aufgelöst hat. 10 Minuten zugedeckt gehen lassen. Mit dem erwärmten Öl und dem Wein unter das Mehl rühren. (Trockenhefe einfach mit dem Mehl vermischen, dann die flüssigen Zutaten unterrühren.)

3 Zuerst mit einer Gabel vermischen, dann mit den Händen weiterarbeiten, bis die Zutaten zusammenhalten. Auf einer Arbeitsfläche zu einem glatten, elastischen Teig kneten. Zugedeckt an einem warmen Ort 5 Minuten gehen lassen.

4 Ein wenig Teig abnehmen und zu einer 5 mm dicken Rolle formen. 5 cm lange Stücke abschneiden und jeweils zu einem kleinen Ring schließen, wobei sich die Enden überlappen. Die Enden zusammendrücken und die Ringe auf ein leicht bemehltes Küchentuch setzen. Mit dem restlichen Teig ebenso verfahren.

5 In einem großen Topf Wasser mit etwas Salz zum Kochen bringen. Die *taralli* in das kochende Wasser einlegen. Sobald sie an die Oberfläche steigen, mit einem Schaumlöffel herausnehmen und auf einem sauberen Küchentuch abtropfen lassen.

6 Die Ringe in den grob zerstoßenen Pfeffer oder das Meersalz drücken, überschüssigen Belag abschütteln. Auf ein geöltes Blech legen und im vorgeheizten Ofen bei 190 °C (Umluft 170 °C) in 15 bis 20 Minuten hellgolden backen. Auf dem Kuchengitter auskühlen lassen, in einem luftdichten Behälter aufbewahren.

VARIANTE: Statt schwarzem Pfeffer können Sie auch zerstoßene Fenchelsamen unter das Mehl mischen.

Sizilianisches Sesambrot

Mafalda [V]

Mafalda ist ein besonderes Brot, das in Menfi, im Westen Siziliens, wo ich auch unterrichte, gegessen wird. Das Brot besitzt eine wunderbar gelbe Krume und eine knusprige goldgelbe Kruste, die mit Sesamsamen bestreut ist. Manchmal backen wir dieses Brot im alten Holzfeuerofen auf einem Bauernhof in unserer Nähe. Das Brot ist ungefähr so wie manche Feuerwerkskörper geformt – im Zickzackmuster mit einer Art Schwanz längs über die Mitte. Sesam und vielleicht auch die Form des Brotes gelangten im 9. Jahrhundert durch die Araber nach Sizilien. Der sehr feine sizilianische Hartweizengrieß (farina di semola) wird in manchen italienischen Feinkostgeschäften angeboten. Wer ihn nicht bekommt, kann gröberen Grieß in der Küchenmaschine oder im Mixer fein zermahlen. Ungebleichter Hartweizengrieß eignet sich ebenfalls.

ERGIBT 2 BROTE

25 g frische Hefe, ersatzweise
   1 Päckchen Trockenhefe
50 ml lauwarmes Wasser
1 EL Olivenöl
1 EL Malzsirup
250 ml Wasser von Raumtemperatur
500 g feiner Hartweizengrieß
2–3 TL Salz
3 EL Sesamsamen

1 In einer großen Rührschüssel die Hefe in dem lauwarmen Wasser auflösen und etwa 10 Minuten gehen lassen. Das Öl, den Sirup und das Wasser unterschlagen.

2 Den Hartweizengrieß in einer großen Schüssel mit dem Salz mischen und die Hefemischung unterrühren. (Trockenhefe unter den Hartweizengrieß mischen, flüssige Zutaten unterrühren.) Mit den Händen zu einem Teig verarbeiten. Er sollte relativ weich sein, ansonsten zusätzlich etwas Wasser hinzufügen.

3 Den Teig auf einer Arbeitsfläche 10 Minuten kräftig kneten, bis er glatt und elastisch ist. Es ist von Vorteil, wenn Sie dabei warme Hände haben. Den Teig zu einer Kugel formen.

4 Die Teigkugel in eine leicht mit Öl ausgestrichene Schüssel legen und die Schüssel dicht mit Klarsichtfolie abdecken. Den Teig an einem warmen, zugfreien Ort etwa 1½ Stunden gehen lassen, bis sich sein Volumen verdoppelt hat und die Oberfläche Risse zeigt.

5 Den Teig nochmals kurz durchkneten und zugedeckt weitere 5 Minuten ruhen lassen. Zu einer langen, relativ dünnen Rolle von etwa 60 cm Länge formen und halbieren. Jede Hälfte so lang wie möglich rollen. An einem Ende beginnend, im engen Zickzackmuster biegen, dann das ausreichend lange andere Ende als „Schwanz" längs darüber legen und unter den Anfang des Zickzacks stecken.

6 Die Brote auf ein mit Mehl ausgestreutes Backblech legen. Die Oberfläche mit Wasser bestreichen und mit Sesamsamen bestreuen. Eine umgedrehte Schüssel darüber decken und die Brote in 1–1½ Stunden auf das Doppelte ihres Volumens aufgehen lassen.

7 Den Backofen 30 Minuten auf 220 °C (Umluft 200 °C) vorheizen. Ein Blech mit heißem Wasser auf den Boden des Backofens stellen (der Dampf sorgt für eine knusprige Kruste). Die Brote 10 Minuten backen, die Temperatur auf 200 °C (Umluft 180 °C) reduzieren und die Brote in 25–30 Minuten fertig backen. Wenn man mit dem Finger gegen die Unterseite klopft, sollten sie hohl klingen. Auf Kuchengittern auskühlen lassen.

GIULIANO BUGIALLI

Sardische Brotfladen, belegt mit dicker Tomatensauce und pochiertem Ei

Pane frattau [V]

Giuliano Bugialli demonstriert hier, wie diese hauchdünnen Brotfladen aus Sardinien auf besonders köstliche Weise zubereitet werden. Eine einfache, doch gleichzeitig königliche Kost. Das dünne Fladenbrot *carta da musica*, eine Spezialität aus Sardinien, bekommt man in gut sortierten Supermärkten oder auch in Feinkostgeschäften. Die ungesäuerten Fladen sind so dünn und zerbrechlich, dass sie gern mit alten Notenblättern – *carta da musica* – verglichen werden.

FÜR 4 PERSONEN

FÜR DIE SAUCE:

750 g sonnengereifte Tomaten, ersatzweise italienische Tomaten aus der Dose, abgetropft
2 EL Olivenöl
1 kleine Knoblauchzehe, in dünne Streifen geschnitten
Einige große Basilikumblätter
Salz und frisch gemahlener schwarzer Pfeffer

4 Fladen *pane carasau* oder *carta da musica*
1 l Hühner- oder Gemüsebrühe, selbst zubereitet oder aus Brühwürfeln
1 EL Rotweinessig
4 sehr große Eier
Frisch geriebener Pecorino sardo oder Pecorino romano zum Servieren

Eine der außergewöhnlichsten italienischen Spezialitäten, die aus Zutaten bereitet wird, welche von den sardischen Schäfern kommen – Brot, Wasser oder Brühe, Tomaten, Eier und Pecorino romano. Die Speise wird mit der nötigen Sorgfalt zubereitet und schmeckt einfach köstlich. Pane frattau serviert man manchmal auch mit einem gebratenen Ei darauf. GB

1 Für die Sauce die Tomaten grob hacken. Zusammen mit dem Olivenöl, dem Knoblauch, den Basilikumblättern, Salz und Pfeffer in einen mittelgroßen Topf füllen und 15 Minuten köcheln lassen.
2 Die Sauce durch ein Passiergerät (feinste Lochscheibe) in eine Schüssel passieren. Zurück in den Topf füllen und 5 Minuten einkochen lassen. Mit Salz und Pfeffer abschmecken und warm halten.
3 Je 1 Fladen *pane carasau* (oder *carta da musica*) auf einen Teller legen, etwa 125 ml Brühe darüber schöpfen und das Brot 5 Minuten aufweichen lassen.
4 Je ein Viertel der warmen Tomatensauce darüber schöpfen und mit einem Löffel verstreichen. Den über den Teller hängenden Rand des Brots nach innen klappen.
5 In einem mittelgroßen Topf 750 Milliliter kaltes Wasser bei mittlerer Temperatur erhitzen. Sobald das Wasser zu kochen beginnt, den Essig hinzufügen. 1 Ei aufschlagen, ins kochende Wasser gleiten lassen und das Eiweiß mit einem kleinen Löffel vorsichtig über das Eigelb heben. 3 Minuten pochieren. Das pochierte Ei *(uovo in camicia)* in die Mitte eines Brotes auf die Tomatensauce setzen. Mit den restlichen 3 Eiern ebenso verfahren. Mit reichlich geriebenem Pecorino bestreuen und servieren.

Pizza-„Pastete" mit Petersilien-Mozzarella-Füllung

Calzone di prezzemolo [V]

Ursula Ferrigno hat für uns eine besondere Form der Pizza ausgesucht. Der Teig wird nach *pizzaiolo*-Art zubereitet, indem man auf den Hefeansatz (= *biga*, wie er für die *stromboli* auf Seite 162 gebraucht wird) verzichtet und Hefe und Wasser gleich unter das Mehl mischt. Der Teig wird so über der Füllung zusammengeklappt, dass die Form eines Halbmonds entsteht. Die Petersilienfüllung schafft eine willkommene Abwechslung zum durchaus aromatischen, aber allzu oft verwendeten Basilikum.

FÜR 2–4 PERSONEN ALS IMBISS

7 g frische Hefe
Etwas extrafeiner Zucker
225–250 ml lauwarmes Wasser
550 g Mehl
15 g Salz
125 ml Olivenöl
1 Zwiebel, fein gehackt
1–1½ Hand voll gehackte glatte Petersilie
Frisch geriebener schwarzer Pfeffer
350 g Mozzarella, in kleine Würfel
  geschnitten
Mehl zum Bestreuen

Das erste Mal aß ich diese gefüllte Pizza-Pastete in Cassibile auf Sizilien, wo sie in einem Holzfeuerofen gebacken wurde. Der bodenständige Geschmack von Petersilie und Käse passt wunderbar zum knusprigen Pizzateig. Die italienische Bezeichnung calzone *bedeutet „Hosenbein", denn dem soll die Form gleichen.* UF

1 Die Hefe mit dem Zucker und etwas Wasser verrühren. Das Mehl und das Salz in einer großen Schüssel vermischen. Zusammen mit der Hefemischung das restliche Wasser und die Hälfte des Öls hinzufügen. Mit einem Holzlöffel zu einem Teig verarbeiten.

2 Auf einer bemehlten Arbeitsfläche etwa 10 Minuten kneten, bis ein weicher Teig entsteht, der sich gut verarbeiten lässt. Eine Kugel formen, in eine saubere Schüssel legen und zugedeckt an einem warmen Ort etwa 1 Stunde gehen lassen, bis sich das Teigvolumen verdoppelt hat.

3 In der Zwischenzeit für die Füllung das übrige Öl in einer Pfanne erhitzen. Die Zwiebel darin weich dünsten. Die Petersilie dazugeben und unter Rühren 2 Minuten bei mittlerer Hitze mitdünsten. Mit Pfeffer würzen und beiseite stellen. Ist die Füllung abgekühlt, die Mozzarellawürfel untermischen.

4 Den Backofen auf 200 °C (Umluft 180 °C) vorheizen. Den Teig nochmals 4 Minuten kneten und für das „Hosenbein" zu einem großen Rechteck (38 × 20 cm), für den Halbmond zu einer runden Platte (30 cm Durchmesser) ausrollen. Die Füllung auf einer Teighälfte verstreichen, dabei rundum einen 1 cm breiten Rand frei lassen. Die freie Teighälfte über die Füllung klappen, sodass sie eingeschlossen ist, die Teigränder zusammendrücken. Auf ein gefettetes Blech legen und nochmals 10 Minuten gehen lassen. Mit etwas Mehl bestreuen.

5 Im Ofen 20 Minuten backen, bis die Pastete locker aufgegangen ist und eine schöne goldgelbe Farbe angenommen hat. Herausnehmen und auf einem Kuchengitter auskühlen lassen. Für Snacks oder Kanapees nach Belieben in dicke oder dünne Scheiben schneiden. Heiß, kalt oder warm servieren.

Piadine

Piadine [V]

Stephanie Alexander bereitet dieses berühmte Fladenbrot – eines der wenigen italienischen Brote ohne Backtriebmittel – ganz spontan in ihren Kochkursen in der Toskana zu. Ursprünglich stammt das Rezept aus der Romagna.

Dieses Fladenbrot unterscheidet sich von der focaccia *und dem Brot, das man gewöhnlich für* bruschetta *verwendet, dadurch, dass es keinerlei Backtriebmittel enthält. Traditionell wurde eine* piadina *auf einem dicken, flachen Terrakottastein, bekannt als* testa, *zubereitet. Ein mit Wasser voll gesogener flacher Terrakotta-Untersetzer für einen Blumentopf eignet sich ebenso gut als* testa *wie eine unglasierte Bodenfliese aus Terrakotta. Beide sollte man vor der Verwendung nicht einfetten, jedoch müssen sie im Backofen bei niedriger Temperatur oder über einer schwachen Flamme zuvor erhitzt werden, damit gewährleistet ist, dass sie beim Backen der* piadine *nicht brechen. Der Teig ähnelt jenem für* roti *aus der indischen Küche. Oft mischen indische Köche dafür Vollkornmehl und weißes Mehl zu gleichen Teilen und servieren* roti *zu Currys. Es ist immer wieder faszinierend, in sehr unterschiedlichen Kulturen ähnliche Küchentechniken zu entdecken. In Ermangelung einer* testa *habe ich auch schon versucht, die dünnen und sehr weichen Teigfladen im Ofen auf heißen Backsteinen zu backen. Bessere Ergebnisse erzielte ich jedoch, indem ich sie unter einem heißen Grill oder sogar in einer Pfanne von beiden Seiten einige Minuten gebacken habe, bis sie knusprig waren und einige Blasen geworfen hatten. Zum Warmhalten lege ich die* piadine *in ein zusammengefaltetes Küchentuch in einen Korb. Ideal passen sie zu* antipasti, *insbesondere zu weichem Käse.* SA

ERGIBT ETWA 20 STÜCK

500 g Mehl
25 g Butter
Salz
Lauwarmes Wasser

1 Das Mehl in eine Schüssel sieben und eine Mulde in die Mitte drücken. Die Butter lauwarm zerlassen und in die Mulde gießen. Zusammen mit so viel gesalzenem lauwarmem Wasser in das Mehl einarbeiten, dass die Zutaten zusammenhalten. Etwa 10 Minuten auf einer Arbeitsfläche kräftig kneten und zu einer Kugel formen. In ein sauberes Küchentuch wickeln und eine umgedrehte Schüssel darüber decken. 30 Minuten ruhen lassen.

2 Den Teig in 20 Stücke teilen und jedes Stück rund formen, anschließend zu einem 5 mm dicken Fladen von 10–12 cm Durchmesser ausrollen.

3 Eine *testa* oder eine Pfanne mit schwerem Boden über glühender Holzkohle oder auf dem Herd erhitzen. Einen Teigfladen auf der *testa* oder in der Pfanne 3 Minuten backen, wenden und einige Minuten weiterbacken, bis die *piadina* knusprig ist und einige dunkle Blasen geworfen hat. Die fertigen Fladenbrote in einem warmen Küchentuch oder in Alufolie warm halten, bis der ganze Teig verarbeitet ist. Heiß serviert schmecken sie am besten.

Focaccia

Focaccia [V]

Focaccia bedeutet wörtlich ein auf dem Herd gebackenes Brot, doch lässt sie sich problemlos in einem gewöhnlichen Ofen backen. Man isst das Brot überall in Italien, allerdings in immer wieder anderer Form: Es kann dünn und knusprig sein, dick und weich, rund oder eckig. Diese Variante wird in einer runden Form gebacken; man kann focaccia *aber auch auf dem Backblech beliebig formen. Ein Backstein aus Terrakotta (testa) oder eine unglasierte Bodenfliese, die im Ofen erhitzt wird, eignet sich ebenfalls für die Zubereitung: Pizza und* focaccia *gehen schön auf und bekommen einen knusprigen Boden. Focaccia lässt sich zwar aus einem ganz normalem Pizzateig (Grundrezept) zubereiten; das Geheimnis einer besonders lockeren* focaccia *liegt jedoch darin, den Teig dreimal gehen zu lassen und zuletzt einige Vertiefungen hineinzudrücken, sodass das Olivenöl beim Backen gut in den Teig eindringen kann.*

FÜR 4–6 PERSONEN

750 g Weizenmehl Type 405, zusätzlich
    Mehl zum Kneten
½ TL feines Salz
25 g frische Hefe, ersatzweise 1 Päckchen
    Trockenhefe (nach Herstellerangabe
    verwenden)
150 ml natives Olivenöl extra
450 ml lauwarmes Wasser
Grobes Salz
Einige frische Rosmarinzweige, gehackt

1 Das Mehl mit dem Salz in eine große Schüssel sieben und eine Mulde in die Mitte drücken. Die Hefe in die Mulde krümeln. 3 Esslöffel Öl dazugießen und mit den Fingern verreiben, bis Bröseln entstehen. Das Wasser hinzugießen und alles mit den Händen zu einem Teig verarbeiten.

2 Den Teig auf einer bemehlten Arbeitsfläche 10 Minuten kneten, bis er glatt und elastisch ist. Er sollte relativ weich sein, ist er jedoch zu weich, zusätzlich Mehl einarbeiten. Eine Kugel formen.

3 Den Teig in eine saubere, mit Öl ausgestrichene Schüssel legen, mit einem feuchten Küchentuch abdecken und an einem warmen Ort etwa 1½ Stunden gehen lassen, bis sich sein Volumen verdoppelt hat.

4 Zwei flache Pizza-, Pie- oder Kuchenformen (jeweils 26 cm Durchmesser) leicht einölen. Den Teig halbieren, beide Hälften auf der bemehlten Arbeitsfläche zu einer Kugel formen und zu einer runden Platte von 26 cm Durchmesser ausrollen. Die Teigplatten in die Formen legen, mit einem feuchten Küchentuch bedecken und 30 Minuten gehen lassen.

5 Die Küchentücher entfernen. In die Teigplatten mit dem Zeige- und Mittelfinger kleine Vertiefungen drücken, das restliche Olivenöl hineinträufeln und großzügig mit Salz bestreuen. Wiederum abdecken und 30 Minuten gehen lassen.

6 Mit Wasser leicht besprühen, mit Rosmarin bestreuen und bei 200 °C (Umluft 180 °C) im vorgeheizten Ofen 20–25 Minuten backen. Auf Kuchengittern auskühlen lassen. Noch am selben Tag verzehren oder, in Klarsichtfolie eingewickelt, sofort einfrieren. Zum Auftauen 30 Minuten bei Raumtemperatur liegen lassen und vor dem Servieren 5 Minuten in den vorgeheizten Ofen schieben.

VARIANTE:

FOCACCIA MIT FEIGEN UND *PANCETTA*
Den Teig wie beschrieben zubereiten, jedoch in der Größe eines rechteckigen Backblechs ausrollen und zugedeckt 30 Minuten gehen lassen. Vertiefungen in den Teig drücken. Mit 5 geviertelten Feigen und 75 Gramm gehackter *pancetta* belegen und mit Olivenöl beträufeln. Wie oben angegeben backen.

URSULA FERRIGNO

Pizzarolle, gefüllt mit Rucola-Pesto und Mozzarella

Stromboli con pesto di rucola e mozzarella [V]

Ursula Ferrigno, eine Expertin in puncto Backen, zeigt uns eine besondere Zubereitung des Hefeansatzes (biga), die in Italien weit verbreitet ist. Der Teig geht besonders schnell auf und bekommt ein feines Hefearoma.

FÜR 2–4 PERSONEN

FÜR DEN HEFEANSATZ (BIGA):

2,5 g frische Hefe
150 ml warmes Wasser
125 g Mehl

FÜR DEN TEIG:

10 g frische Hefe
175 ml warmes Wasser
1½ TL Salz
375 g Mehl
3 EL Olivenöl

FÜR DEN RUCOLA-PESTO:

3 EL Pinienkerne, geröstet
2–3 Knoblauchzehen
Abgeriebene Schale von 1 unbehandelten
   Zitrone
100 g Rucola
Etwa 100 ml Olivenöl, zusätzlich Öl zum
   Beträufeln
50 g Parmesan, frisch gerieben
Salz und frisch gemahlener schwarzer
   Pfeffer

AUSSERDEM:

300 g Mozzarella, in dünne Scheiben
   geschnitten
Meersalz zum Bestreuen
Frische Rosmarinzweige, gehackt

Diese Pizza wird auf ungewöhnliche Weise geformt, ganz ähnlich wie eine Biskuitroulade. Für die Füllung verwendet man einen Pesto aus Rucola sowie Mozzarella, der beim Backen wunderbar zerläuft. Der besondere Vorteig sorgt für eine festere Konsistenz und einen sauerteigartigen Geschmack. UF

1 Für den Hefeansatz (biga) die Hefe im Wasser auflösen. Das Mehl hinzufügen und alles zu einem glatten, dickflüssigen Teig vermischen. Zugedeckt bei Raumtemperatur 12–36 Stunden gehen lassen, bis er Blasen wirft.

2 Für den Teig die Hefe in der halben Wassermenge auflösen. Salz und Mehl in einer großen Schüssel vermischen und eine Mulde in die Mitte drücken. Die Hefemischung, das Olivenöl und den Hefeansatz hineingeben und vermischen. Das übrige Wasser dazugießen und alles zu einem weichen, klebrigen Teig verarbeiten. Falls nötig, zusätzlich Wasser untermischen.

3 Auf einer bemehlten Arbeitsfläche etwa 10 Minuten kneten, bis ein elastischer Teig entsteht. In eine saubere, mit Öl ausgestrichene Schüssel legen, zudecken und in 1½–2 Stunden auf das doppelte Volumen aufgehen lassen.

4 Für den Pesto die Pinienkerne mit dem Knoblauch in der Küchenmaschine fein zermahlen. Zitronenschale, Rucola und etwa 30 Milliliter Olivenöl hinzufügen und zu einem weichen Pesto verarbeiten, dabei nach und nach das restliche Öl einlaufen lassen. Den Parmesan von Hand untermischen, salzen und pfeffern. Die Ölmenge so bemessen, dass ein pastenartiger Pesto entsteht.

5 Den Backofen auf 200 °C (Umluft 180 °C) vorheizen. Den Teig mit einer drehenden Handbewegung „schleifen" und 10 Minuten ruhen lassen. Zu einem Rechteck von etwa 35 × 20 cm ausrollen. Die Mozzarella gleichmäßig auf dem Teig verteilen. Mit dem Pesto bestreichen.

6 Von einer Schmalseite aus den Teig locker aufrollen. Auf ein geöltes Backblech legen und mehrfach einstechen. Mit Olivenöl beträufeln, mit Meersalz und Rosmarin bestreuen. Im vorgeheizten Ofen in etwa 1 Stunde goldbraun backen. Leicht abkühlen lassen. Nochmals mit Öl beträufeln.

10

Desserts, Kuchen und Gebäck

CARLA TOMASI

Walnusskuchen aus dem Aostatal

Torta di noci d'Aosta

Carla Tomasi präsentiert hier eine seltene Variante des für die norditalienische Küche so typischen Walnusskuchens.

Diesen wunderbaren Kuchen sollte man im Winter backen, wenn Nüsse am aromatischsten sind. Es handelt sich um einen dolce da tè, *einen Teekuchen, der nie als Dessert serviert wird. Doch man reicht ihn nicht nur am Nachmittag zum Tee oder Kaffee, sondern auch am späten Vormittag zum Espresso. Die Füllung schmeckt mit frisch geknackten Walnüssen am besten, und der Teig gelingt besonders gut, wenn man Zutaten und Zubehör vorher kühlt.* CT

ERGIBT 1 KUCHEN MIT 26 CM DURCHMESSER

FÜR DIE FÜLLUNG:

350 g Zucker
6 EL kaltes Wasser
300 g frisch geknackte Walnusskerne, grob gehackt
125 ml Sahne, von Raumtemperatur

FÜR DEN TEIG:

350 g Mehl
150 g extrafeiner Zucker, zusätzlich Zucker zum Bestreuen
1 Prise Salz
200 g Butter, in Würfel geschnitten und gekühlt
1 Ei
1 Eigelb
2–3 EL eisgekühltes Wasser (nach Bedarf)

1 Den Zucker in einen flachen Topf mit schwerem Boden (etwa 25 cm Durchmesser) füllen und das Wasser vorsichtig unterrühren. Schwach erhitzen, bis der Zucker langsam zu schmelzen beginnt. Sobald sich die Zuckerkristalle an der Topfwand braun verfärben, einen Backpinsel in kaltes Wasser tauchen und den braunen Zucker von der Topfwand abwaschen. Der Zucker muss vollständig geschmolzen sein, damit das Karamellisieren ohne störende Kristalle erfolgt.

2 Den Zucker erhitzen, bis ein hellgoldener Sirup entstanden ist. Den Topf vom Herd nehmen und die Walnüsse unterrühren. Die Sahne unter Rühren hinzugießen. (Diese muss unbedingt von Raumtemperatur sein, da der Walnusskaramell sonst hart würde. Um ihn wieder zu erweichen, müsste er nochmals erhitzt werden, dabei könnten die Walnüsse zu stark bräunen und bitter schmecken.) Die Mischung eventuell mit einigen Esslöffeln kochend heißem Wasser „auflockern". Die Füllung bis zur Verwendung vollständig abkühlen lassen.

3 Für den Teig Mehl, Zucker und Salz in der gut gekühlten Schüssel einer Küchenmaschine vermischen. Zuerst die Butter, dann Ei und Eigelb mit nur wenigen Umdrehungen unterrühren. Ist die Konsistenz zu krümelig, etwas Wasser einarbeiten, bis sich über den Knethaken der Küchenmaschine eine Teigkugel zusammenballt. Den Teig auf die Arbeitsfläche geben und kurz kneten, dabei darauf achten, dass die Butter im Teig nicht schmilzt. Ist der Teig kühl genug, diesen sofort zügig ausrollen, ansonsten einige Zeit kalt stellen.

4 Den Teig in ein größeres und kleineres Stück teilen. Das größere Teigstück sehr dünn ausrollen und den Boden und den Rand einer Springform von 26 cm Durchmesser damit auslegen. Die Walnussfüllung darauf verteilen. Den restlichen Teig ebenfalls ausrollen und als Deckel darüber legen. Die Teigränder zusammendrücken. Den Teigdeckel mit kaltem Wasser bestreichen und mit etwas extrafeinem Zucker bestreuen. Im vorgeheizten Ofen bei 180 °C (Umluft 160 °C) 30–40 Minuten backen, bis der Kuchen eine goldgelbe Farbe hat. Aus dem Ofen nehmen, einige Minuten stehen lassen.

5 Überprüfen, ob beim Backen Füllung ausgetreten ist. Den Kuchen möglichst bald aus der Form nehmen, dafür mit einem Palettmesser vom Boden lösen. Auf einem Kuchengitter vollständig auskühlen lassen. Der Kuchen darf keinesfalls in der Form abkühlen, da der Boden sonst feucht und weich wird.

Zwetschgenknödel

Gnocchi di susine

Claudio Pecorari, ein wahrer Meister pikanter Kartoffelgnocchi, zeigt uns hier eine süße Variante. In seiner Heimatregion werden süße Gnocchi oft serviert, und die Garnitur, die *Polonese dolce*, ist ein italienischer Klassiker unter den süßen Rezepten. Zu einer pikanten Polonese gehören hart gekochte Eier (Eiweiße fein gehackt, Eigelbe durch ein Sieb passiert) und geröstete Semmelbrösel. Für unsere süße Variante werden nur die gerösteten Semmelbrösel verwendet. Ursprünglich stammt das Gericht aus der polnischen Küche.

FÜR 4 PERSONEN

1 Rezeptmenge *gnocchi di patate* (siehe Kartoffelgnocchi, Seite 82)
8 frische blaue Pflaumen oder 12 Trockenpflaumen
Extrafeiner Zucker oder Konfitüre zum Füllen (siehe Rezept)

FÜR DIE GARNITUR *(POLONESE DOLCE)*:
100 g Butter
3 EL frische Semmelbrösel
Zimtpulver zum Bestauben

Mein Bruder und ich haben zu Hause oft Gnocchi di susine *zu essen bekommen. Meine Mutter füllte sie immer mit einer saftigen blauen Pflaume, die sie zuvor halb aufgeschnitten, entsteint und mit Konfitüre gefüllt hatte. Dann drückte sie die Pflaume zusammen und hüllte sie in Gnocchiteig ein. Sie wurden gegart, abgetropft und mit Zucker und Zimt bestreut. Damit sie warm blieben, legte meine Mutter die Gnocchi in einen Topf mit etwas zerlassener Butter. Dies ist eine meiner liebsten Kindheitserinnerungen. Die knusprige Garnitur bildet einen herrlichen Kontrast zu dem weichen Gnocchiteig und der verführerisch schmelzenden Pflaumenfüllung. Pro Person benötigt man 3 Trockenpflaumen oder 2 frische blaue Pflaumen sowie die jeweils gleiche Menge Gnocchiteig oder auch etwas mehr.* CP

1 Den Gnocchiteig nach den Angaben des Rezepts auf Seite 82 zubereiten.

2 Werden Trockenpflaumen verwendet, diese in lauwarmem Wasser einweichen, damit sie wieder prall werden. Frische Pflaumen in köchelndem Wasser blanchieren, bis sie sich leicht aufdrücken lassen und entsteint werden können.

3 Die entsteinten Pflaumen aufklappen (die Hälften aber keinesfalls trennen) und jeweils mit ½ Teelöffel Zucker oder, meine bevorzugte Alternative, mit je 1 Teelöffel Aprikosenkonfitüre, vermischt mit etwas Maraschino, füllen. Die Pflaumen wieder zudrücken und jeweils ein ebenso großes Stück Teig abnehmen und zu einer Kugel formen.

4 Eine Mulde in die Teigkugel drücken und die Pflaume hineingeben. Den Teig vorsichtig um die Pflaume hüllen und so die Öffnung schließen. Einen gleichmäßig runden Knödel formen und auf ein bemehltes Küchentuch setzen. Auf diese Weise alle Zutaten verarbeiten.

5 In einem großen Topf Wasser zum Kochen bringen und eine Prise Salz hineingeben. Die Knödel in das kochende Wasser einlegen und gar ziehen lassen. Sie sind fertig, sobald sie an die Oberfläche steigen.

6 In der Zwischenzeit die Garnitur zubereiten. Dafür die Butter in einem Topf zerlassen und erhitzen, bis sie schäumt. Die Semmelbrösel darin hellgolden und knusprig rösten.

7 Die Knödel mit einem Schaumlöffel aus dem Wasser heben, abtropfen lassen und auf einer vorgewärmten Servierplatte anrichten. Die gerösteten Semmelbrösel darüber verteilen und die Knödel mit Zimt bestauben.

Zitronencreme-Schokoladen-Kuchen

Dolce di limone e cioccolato

Francesca Rominas Rezept für diesen Zitronen-creme-Schokoladen-Kuchen ist einfach wunder-bar. Die Zitronen verarbeitet man zu einer Creme, füllt damit eine ausgerollte Teigplatte und bestreut sie mit Schokoladenstückchen. Ein himmlischer Genuss!

Dieses Rezept erhielt meine Großmutter von einem Verwandten aus Ciminna auf Sizilien. Das Ungewöhnliche daran ist, dass man den Kuchen sowohl warm als auch kalt essen kann. Genau das Richtige für alle Liebhaber von Zitronenkuchen. Der Teig ist schnell zubereitet, und als Füllung eignet sich nicht nur die hier angegebene Zitronencreme, sondern auch eine andere bevorzugte Variante oder sogar eine fertige Zitronenpaste aus dem Handel (benötigt wird ein Glas mit 450 g). Die hier angegebene Menge ergibt zwei Kuchen, die man zum Beispiel zu einem größeren Fest servieren kann, oder man ver-schenkt einen der Kuchen. In Alufolie gewickelt, halten sich die Kuchen im Kühlschrank etwa 1 Woche – ein köstlicher Vorrat. FR

ERGIBT 2 MITTELGROSSE KUCHEN
FÜR 12 PERSONEN

FÜR DIE ZITRONENCREME:

6 große Eigelb
200 g extrafeiner Zucker
125 ml frisch gepresster Zitronensaft
1 TL Zitronenlikör (nach Belieben)
¼ TL Vanilleessenz
50 g Butter, in kleine Stücke geschnitten

FÜR DEN TEIG:

3 Eier
100 g extrafeiner Zucker
¾ TL Vanilleessenz
350 g Mehl
2 TL Backpulver
100 g Schmalz (oder weiches Pflanzenfett)

AUSSERDEM:

½ TL Zimtpulver
350 g Zartbitterschokolade, grob gehackt
75 g Mandelblättchen
Puderzucker und etwas Zimtpulver zum
    Bestauben

1 Für die Zitronencreme in einer hitze-beständigen kleineren Schüssel die Eigelbe und den Zucker verrühren. Die Schüssel auf ein leicht köchelndes Wasserbad stellen und etwa 2 Minuten unter stän-digem Rühren erwärmen. Den Zitronen-saft, Likör (nach Belieben) und Vanille-essenz unterrühren. Etwa 10 Minuten unter Rühren im Wasserbad erhitzen, bis die Creme eindickt und den Rücken eines Löffels deckt. Die Butter stückchenweise einrühren und jeweils schmelzen lassen. Vom Wasserbad nehmen und auf Raum-temperatur abkühlen lassen. (Soll die Creme erst später verwendet werden, diese in ein Schraubglas füllen, fest verschließen und bis zu 1 Woche im Kühlschrank auf-bewahren.)

2 Für den Teig die Eier mit dem Zucker und der Vanilleessenz in einer Schüssel vermischen und beiseite stellen.

3 Mehl und Backpulver auf die Arbeits-fläche sieben. Das Schmalz mit den Fin-gern einarbeiten, bis eine grobkrümelige Masse entsteht. Eine Mulde in die Mitte drücken, die Eiermischung hineingießen und nach und nach mit einer Gabel unter das Mehl mischen. Anschließend etwa 3 Minuten zu einem geschmeidigen Teig

verkneten. Mit einem feuchten Küchen-tuch bedecken und 15 Minuten ruhen lassen.

4 Den Backofen auf 190 °C (Umluft 170 °C) vorheizen. Den Teig halbieren und auf einer gut bemehlten Arbeitsfläche zu je einem Rechteck (23 × 25 cm) ausrollen. Die Rechtecke jeweils auf ein gefettetes großes Backblech legen und die Zitronen-creme in der Mitte längs in einem breiten Streifen darauf verteilen. Die Creme jeweils mit ¼ Teelöffel Zimt, 175 Gramm Schokoladenstückchen und 2 Esslöffeln Mandelblättchen bestreuen. Die Längs-seiten der Teigplatten jeweils so über die Füllung klappen, dass sie sich überlap-pen. Die Enden fest zusammendrücken, sodass keine Füllung austreten kann.

5 In den Ofen schieben und etwa 35 Minuten backen, bis der Kuchen oben und unten eine goldbraune Farbe an-nimmt. (Ist er von unten gebräunt, an der Oberfläche aber noch hell, einige Sekunden unter den vorgeheizten Grill schieben.) Auf dem Backblech 15 Minuten abkühlen lassen. Mit den übrigen Man-delblättchen bestreuen und mit Puder-zucker und etwas Zimt bestauben. Warm servieren.

Kastanienkuchen

Torta di castagne con perine e gorgonzola dolce

Diesen Kuchen backe ich in der Toskana gern zu Beginn der Kastaniensaison. Man feiert sie mit vielen regionalen Festen, an denen heiße Maroni geknabbert und große Mengen neuer Wein getrunken werden. Der Kuchen ist eine Variante der Genueser Masse mit Kastanienmehl – wunderbar locker und saftig. Serviert wird er mit weichem Gorgonzola dolce und kleinen Birnen – ein kulinarischer Triumph.

FÜR 8 PERSONEN

Butter und Mehl für die Form
175 g Butter
3 Eier, 175 g extrafeiner Zucker
175 g Kastanienmehl *(farina di castagne)*,
   zweimal gesiebt
5 EL Vin Santo oder Marsala

ZUM SERVIEREN:
Puderzucker zum Bestauben
8 reife kleine oder 4 große Birnen, halbiert
350 g Gorgonzola dolce *(dolcelatte)*, über
   Nacht bei Raumtemperatur liegen lassen,
   damit er sehr weich ist

1 Den Backofen auf 180 °C (Umluft 160 °C) vorheizen. Eine Springform (23 cm Durchmesser) mit Butter einfetten und mit etwas Mehl ausstreuen, den Boden mit gefettetem Backpapier auslegen.
2 Die Butter in einem Topf zerlassen, beiseite stellen und leicht abkühlen lassen. Die Eier weißcremig schlagen, dabei den Zucker langsam einrieseln lassen und weiterschlagen, bis die Masse dick wird.
3 Mit einem Metalllöffel zuerst das Kastanienmehl, dann die flüssige Butter und zuletzt den Wein vorsichtig unterziehen. Nicht zu viel mischen, da der Kuchen sonst nicht aufgeht.

4 Die Masse in die vorbereitete Form füllen und im Ofen 35–45 Minuten backen. Nach 35 Minuten mit einem Holzspießchen prüfen, ob der Kuchen schon fertig ist. Er sollte schön aufgegangen und goldbraun sein.
5 Zum Auskühlen auf ein Kuchengitter stürzen. Das Backpapier entfernen. Den Kuchen luftdicht aufbewahren (am besten schmeckt er, wenn er bereits am Vortag gebacken wurde). Zum Servieren mit Puderzucker bestauben, in schmale Stücke schneiden und jeweils mit einer kleinen Birne und einem Esslöffel Gorgonzola anrichten.

Kaffee-Panna-cotta mit Kaffeesirup

Panna cotta al caffè „affogato"

Panna cotta ist gekochte süße Sahne, die durch Zugabe von Gelatine fest wird, aber doch so weich bleibt, dass sie bei Erschütterung wackelt. Das Grundrezept lässt sich mit verschiedensten Aromen verfeinern. Ursprünglich stammt das Dessert aus Norditalien.

FÜR 4–6 PERSONEN

Öl für die Förmchen
600 ml Sahne
125 g extrafeiner Zucker
3 TL Instant-Espressopulver
1 Vanilleschote, längs aufgeschnitten
1 Blatt Gelatine, 4 EL Milch

FÜR DEN KAFFEESIRUP:
250 ml kalter Espresso
125 g grober Zucker
3 EL Kaffeelikör

1 Die Souffléförmchen leicht mit Öl einfetten. Die Sahne mit dem Zucker, Espressopulver und der Vanilleschote in einem Topf erhitzen, aber nicht kochen. Unter gelegentlichem Rühren etwa 20 Minuten stehen lassen, damit sich die Aromen entfalten und das Espressopulver vollständig gelöst ist.
2 Die Gelatine in kaltem Wasser einweichen. Die Milch in einem kleinen Topf erwärmen und die ausgedrückte Gelatine darin auflösen, in die Kaffeemischung rühren. Zum Kochen bringen, sofort vom Herd nehmen und durch ein Sieb in die vorbereiteten Förmchen gießen. Abkühlen lassen und für mehrere Stunden in den Kühlschrank stellen, bis die Mischung fest ist.
3 Für den Kaffeesirup Espresso und Zucker in einem Topf schwach erhitzen und so lange rühren, bis sich der Zucker aufgelöst hat. Abkühlen lassen, den Likör unterrühren.
4 Die Creme in den Förmchen lockern und auf Dessertteller stürzen. Den Sirup separat dazu reichen.

Schokoladen-Nuss-Kuchen mit Kirschen

Torta di gianduja con ciliege

Gianduja ist eine Mischung aus Schokolade und Haselnüssen, die im Piemont sehr geschätzt wird. Servieren sollte man den Kuchen in dünnen Stücken, denn er ist sehr gehaltvoll. Ganz wunderbar schmeckt er mit einem Klecks gut gekühltem Mascarpone.

FÜR 6–8 PERSONEN

Butter und Mehl für die Form
150 g weiche Butter
125 g extrafeiner Zucker zum Bestreuen
4 Eier, getrennt
Abgeriebene Schale von 1 unbehandelten
    Zitrone
6 EL feine dunkle Brotbrösel
150 g Haselnüsse, enthäutet, gemahlen
125 g Schokolade, geraspelt
225 g frische Kirschen, entsteint

1 Den Backofen auf 170 °C (Umluft 150 °C) vorheizen. Den Rand einer Springform (23 cm Durchmesser) mit zerlassener Butter einfetten, fest werden lassen, mit Mehl ausstreuen. Den Boden der Form mit Backpapier auslegen.
2 In einer Schüssel die Butter und 85 Gramm Zucker weißschaumig schlagen. Zuerst die Eigelbe eines nach dem anderen, dann die Zitronenschale und Brotbrösel einrühren. Die Haselnüsse mit der Schokolade unter die Eiermasse ziehen.
3 Die Eiweiße nicht zu steif schlagen. Den übrigen Zucker einrieseln lassen und weiterschlagen, bis sich steife, glänzende Spitzen bilden. Vorsichtig unter die Masse heben, die Kirschen untermischen.
4 In die Form füllen, glatt streichen. Etwa 1 Stunde backen, bis der Kuchen aufgegangen und fest ist. Einen Metallspieß in die Mitte stecken – beim Herausziehen darf kein Teig daran haften. Auf einem Kuchengitter auskühlen lassen. Mit einem Klecks Mascarpone servieren.

JUDY WITTS FRANCINI

Sieneser Mandelgebäck

Ricciarelli

Judy Witts Francinis Gebäck ist einfach perfekt: außen knusprig, innen herrlich weich.

Diese köstlichen Kekse sollen genauso geformt sein wie die Mandelaugen der Madonna in Renaissancegemälden. Sie sind eine Spezialität aus Siena. JWF

ERGIBT ETWA 16 PLÄTZCHEN

175 g Mandeln, blanchiert, enthäutet und gemahlen
200 g extrafeiner Zucker, zusätzlich Zucker zum Ausrollen
1 EL Mehl, ½ TL Backpulver
2 große Eiweiß
3 Tropfen Mandelessenz

1 Den Backofen auf 200 °C (Umluft 180 °C) vorheizen. Die Mandeln mit dem Zucker in eine Schüssel füllen. Mehl und Backpulver vermischen und unter die Mandelmischung rühren. Die Eiweiße steif schlagen und unterheben. Zuletzt die Mandelessenz untermischen.
2 Etwas Zucker auf eine trockene, saubere Arbeitsfläche streuen. Je 1 Esslöffel Teig mit den Händen zu Kugeln formen und im Zucker rollen. Für die traditionelle Rautenform die Kugeln zu kleinen Würsten formen, die Enden spitz zusammendrücken und jeweils mit der Hand flach drücken.
3 Ein Blech mit Backpapier auslegen, die Rauten darauf setzen. In 10–12 Minuten hellgolden backen.

Gewürzkuchen aus Siena

Panpepato

Dieser flache, gehaltvolle Kuchen mit aromatischen Gewürzen, Früchten, Honig und Nüssen wird, in dünne Scheiben geschnitten, nach dem Essen oder zum Kaffee gereicht. Wie der ähnliche panforte *stammt er aus Siena, wo jeder Konditor sein eigenes Rezept hat.*

ERGIBT 1 KUCHEN MIT 20 CM DURCHMESSER

100 g Walnusshälften
100 g Haselnüsse, enthäutet
100 g Orangeat
100 g Zitronat
50 g getrocknete Feigen, gehackt
50 g Mehl
3 EL Kakaopulver
Je ¼ TL gemahlene Koriander-, schwarze Pfefferkörner und Gewürznelken, geriebene Muskatnuss und Zimtpulver
100 g Zucker
225 g flüssiger Honig
25 g Butter
Puderzucker zum Bestauben

1 Eine Springform (20 cm Durchmesser) einfetten und mit Backpapier auskleiden. Wal- und Haselnüsse auf einem Backblech verteilen und im Ofen bei 180 °C (Umluft 160 °C) in 10–15 Minuten goldbraun rösten. Leicht abkühlen lassen, grob hacken und in eine mittelgroße Schüssel geben.
2 Backofentemperatur auf 150 °C (Umluft 130 °C) reduzieren. Orangeat und Zitronat fein hacken, mit den Feigen, Mehl, Kakaopulver und Gewürzen unter die Nüsse mischen.
3 Zucker, Honig und Butter in einem Topf schwach erhitzen, ab und zu rühren, bis sich der Zucker aufgelöst hat. Aufkochen und den Sirup zum leichten Ballen (115–120 °C) kochen, die Temperatur mit dem Zuckerthermometer prüfen. Die Nussmischung zügig unterrühren, die Masse in die vorbereitete Form füllen. Oberfläche mit einem gefetteten Kartoffelstampfer glatt streichen. Schnell arbeiten, damit die Masse nicht fest wird.
4 Im Ofen 35 Minuten backen. Der Kuchen wird dabei weder braun noch fest. Auf einem Kuchengitter auskühlen und fest werden lassen. Die Form und das Papier entfernen, Kuchen mit Puderzucker bestauben. In dünnen Scheiben servieren.

TIPP: In einem luftdichten Behälter lässt sich der Kuchen 1 Monat aufbewahren.

CARLA TOMASI

Süße Aniskringel

Ciambelline al vino, dalla Ciociaria

Ein weiteres Beispiel von Carla Tomasi für die Vielfalt der italienischen Backstube: ein Rezept für ein Gebäck, aber ganz anders, als wir es kennen.

La Ciociaria, eine Region im Süden Latiums (südöstlich von Rom), besitzt eine sehr alte Kochtradition, deren Ursprünge auf eine strenge bäuerliche Küche zurückgehen – la cucina del territorio. Die ciambelline sind ein ideales Beispiel für die ausgefallene Einfachheit dieser Küche. Es handelt sich um ein ringförmiges Gebäck, das man, ebenso wie die bekannteren cantucci aus der Toskana, in Wein tunken muss, damit es weich wird. In Mittelitalien kann man es in vielen Bäckereien oder Feinkostgeschäften kaufen. Die Zubereitung ist ganz einfach, allerdings benötigt man mildes extra-natives Olivenöl. In einem luftdichten Behälter sind die Kringel lange haltbar. CT

ERGIBT ETWA 50 STÜCK

200 ml natives Olivenöl extra
2 gehäufte TL ganze Anissamen
1 Ei
200 g extrafeiner Zucker
200 ml trockener Weißwein
900 g Mehl, zusätzlich Mehl zum Kneten
2 TL Backpulver
2 TL Natron
100 g Zucker, in einer kleinen Schüssel

1 In einer Pfanne 2 Esslöffel Olivenöl erhitzen, die Anissamen darin leicht rösten und abkühlen lassen. Das Ei mit dem restlichen Öl mit dem Handrührgerät in einer großen Schüssel cremig schlagen. Auf hoher Stufe weiterschlagen, dabei portionsweise den Zucker einrieseln lassen und vollständig einarbeiten, dann erst den Wein hinzufügen.

2 Mehl, Backpulver und Natron in eine Schüssel sieben. Mit einem Holzlöffel nach und nach unter die Eimischung rühren. Zügig, aber nicht zu kräftig rühren (für eine geringere Kleberbildung), da das fertige Gebäck eine krümelige Konsistenz bekommen soll. Zu einer weichen, aber nicht klebrigen Teigkugel formen (falls nötig, zusätzliches Mehl hinzufügen), aus der Schüssel nehmen.

3 Den Teig kurz kneten, halbieren und zu 2 Laiben formen. In Klarsichtfolie wickeln und etwa 30 Minuten ruhen lassen. Mit einem scharfen Messer Stücke von etwa 25 Gramm abschneiden. Zur Orientierung am besten die ersten Stücke wiegen. Gleich große Stücke ergeben ein gleichmäßig geformtes Gebäck, das zur gleichen Zeit fertig gebacken ist und in gleichmäßigen Reihen nebeneinander auf das Backblech passt.

4 Die Teigstücke zu 15 cm langen Rollen und diese zu Ringen formen, wobei die Enden sich leicht überlappen sollen. Die Ringe an dieser Stelle fassen und mit einer Seite in den Zucker in der Schüssel tauchen. Ein Backblech mit Backpapier auslegen und die Ringe dicht nebeneinander mit der überzuckerten Seite nach oben auf das Blech legen. Darauf achten, dass nur wenig Zucker auf das Blech verstreut wird, da dieser unter dem Gebäck verbrennt. Die *ciambelline* gehen beim Backen nur wenig auf, bekommen jedoch eine hübsche pralle Form.

5 Im vorgeheizten Ofen bei 180 °C (Umluft 160 °C) 15 Minuten backen. Die Temperatur auf 160 °C (Umluft 140 °C) reduzieren und die Kringel in weiteren 15 Minuten goldbraun backen. Sie sollten sich trocken anfühlen. Ehe sie aus dem Ofen genommen werden, prüfen, ob sie im Innern durchgebacken sind. Dafür am besten einen Kringel in der Mitte durchbrechen. Die Backzeit kann je nach Ofentyp variieren.

VARIANTE: Für eine delikate Variante den Teig mit gutem Rotwein, Zimt statt Anis und einigen Esslöffeln gerösteten, zerstoßenen Haselnüssen zubereiten.

Pistazienküchlein aus Mazara del Vallo

Mazarisi

Diese Küchlein serviere ich gern mit Sorbet und Eiscreme. Sie sind völlig trocken und besitzen jenes unverkennbare delikate Pistazien-aroma – auf zusätzliche Aromen sollte man darum verzichten. Ursprünglich stammen sie aus Mazara del Vallo, einer Stadt auf Sizilien ganz in der Nähe von Menfi, wo es heute noch ein arabisches Viertel gibt. Die Küchlein passen gut zu einem Moscato (Dessertwein).

ERGIBT ETWA 24 KÜCHLEIN

125 g ungesalzene Pistazienkerne, enthäutet
100 g Zucker
Abgeriebene Schale von 1 unbehandelten
    Orange
½ TL Salz
150 g Mehl
1 TL Speisestärke
11 Eigelb
5 Eiweiß
Etwas Butter und 2 EL Mehl für
    die Förmchen

1 Den Backofen auf 160 °C (Umluft 140 °C) vorheizen.

2 Die Pistazienkerne mit dem Zucker in der Küchenmaschine zermahlen und in eine Schüssel füllen. Orangenschale, Salz, Mehl und Speisestärke untermischen.

3 Die Eigelbe eines nach dem anderen unterrühren. Die Eiweiße steif schlagen und behutsam unterheben.

4 Kleine ovale Backförmchen (es können auch kleine Madeleineförmchen oder Papierförmchen verwendet werden) mit Butter einfetten, mit Mehl ausstreuen und die Masse einfüllen. Im Ofen 25–30 Minuten backen. Die Küchlein sollen beim Backen kaum Farbe annehmen. Noch warm aus den Förmchen lösen und auf einem Kuchengitter auskühlen lassen.

Blutorangen-Campari-Granita

Granita di tarrocchi e Campari

Granitas bewahren die Italiener vor allzu schlimmen Auswirkungen der starken Sommerhitze. Zur Erfrischung gibt es kaum etwas Besseres. Diese spezielle Granita hat nicht nur eine fantastische Farbe, sondern gehört zu den erfrischendsten Eisgetränken, die ich kenne. Wer keine Blutorangen bekommen kann, sollte Navelorangen oder auch Clementinen verwenden. Campari ist ein typisch italienischer Aperitif, ob mit Sodawasser oder frisch gepresstem Orangensaft. Man kann aus dieser Granita auch ein Sorbet bereiten: Die Mischung mit leicht geschlagenem Eiweiß in einer Eismaschine gefrieren lassen.

ERGIBT ETWA 750 MILLILITER

6–8 unbehandelte Blutorangen, ersatzweise 500 ml Blutorangensaft und die abgeriebene Schale von 1 unbehandelten Orange
100 g Zucker
3–4 EL Campari

1 Die Orangen unter fließendem Wasser abbürsten und trockentupfen. Mit einem scharfen Messer 2 Orangen hauchdünn schälen, ohne die bitter schmeckende weiße Innenschale. Die Orangenschale grob hacken.

2 Mit dem Zucker in der Küchenmaschine oder im Mixer zu einer gleichmäßigen Mischung verarbeiten, sodass der Zucker feucht aussieht.

3 Alle Orangen auspressen. Die Zuckermischung in einen großen Messbecher füllen und mit abgeseihtem Orangensaft auf 500 Milliliter auffüllen.

4 3 Esslöffel Campari unterrühren. Für einen intensiveren Geschmack einen weiteren Esslöffel Campari hinzufügen (aber nicht noch mehr Campari unterrühren, da die Mischung sonst nicht richtig gefriert). Zugedeckt im Kühlschrank kalt stellen.

5 Die gekühlte Mischung in einem flachen Behälter aus Metall oder Kunststoff ins Tiefkühlfach stellen und alle 20 Minuten mit einer Gabel durchrühren, sodass eine grobkörnige Granita entsteht. Sofort servieren oder zugedeckt bis zu 2 Tage im Tiefkühlfach aufbewahren. Vor dem Servieren nochmals durchrühren und in gekühlte Gläser füllen.

VARIANTE: Für ein Sorbet die gekühlte Mischung in einer Eismaschine nach Herstellerangaben halb gefrieren lassen. 1 Eiweiß schaumig schlagen und bei laufendem Rührwerk in die Maschine gießen. So lange gefrieren lassen, bis das Sorbet fest ist. Sofort servieren oder zügig in Kunststoffbehälter (diese sollten mindestens 10 Minuten im Tiefkühlfach gestanden haben) füllen und mit Backpapier und einem Deckel verschließen. Mit Etiketten versehen und einfrieren. Vor dem Servieren 15–20 Minuten weich werden lassen.

Ricotta-Orangenblütenhonig-Eiscreme

Gelato di ricotta con miele dei fiori d'arance

Eiscreme ist ein wichtiger Bestandteil des italienischen Lebensgefühls. Nachdem ich eine Ricotta-Eiscreme in der Pasticceria Mazzara in Palermo gekostet hatte, entwickelte ich dieses Rezept. Das Eis bereitete ich mit noch warmer Ricotta aus Schafmilch. Der Orangen-blütenhonig in Sizilien hat ein herrlich exotisches Aroma und verleiht der Eiscreme einen wunderbaren Geschmack. Sizilianisches Eis wird in der Regel ohne Eier, nur mit Milch hergestellt. Vor dem Servieren sollte es 20 Minuten im Kühlschrank weich werden.

ERGIBT ETWA 1,5 LITER

450 g frische Ricotta
500 ml Vollmilch
125 g extrafeiner Zucker
1 Zimtstange
1 Vanilleschote, längs aufgeschnitten
1 langer Streifen unbehandelte Orangen-
    schale, frisch abgeschält
3 EL Orangenblütenhonig, zusätzlich etwas
    angewärmter Honig zum Beträufeln
Orangenblüten zum Dekorieren

1 Die Ricotta durch ein Sieb passieren und in einen mittelgroßen Topf füllen. Die Milch und den Zucker unterrühren und die Zimtstange, die Vanilleschote und die Orangenschale hinzufügen. Die Mischung zum Kochen bringen, vom Herd nehmen und 10 Minuten durchziehen lassen.

2 Vanilleschote, Zimtstange und Oran-genschale entfernen. Den Honig unter-rühren. Die Mischung durch ein feines Sieb streichen und in einer Schüssel auf-fangen, abkühlen lassen und in den Kühl-schrank stellen.

3 Die gut gekühlte Mischung in eine Eismaschine füllen und nach Hersteller-angaben gefrieren lassen. Falls nötig, in 2 Portionen teilen: 1 Portion gefrieren lassen, die andere inzwischen im Kühl-schrank aufbewahren. Das cremig-weiche Eis direkt aus der Maschine servieren.

ODER:

4 Die fertige Eiscreme in gekühlte Por-tionsförmchen füllen. Zugedeckt mindes-tens 4 Stunden ins Tiefkühlfach stellen, bis die Eiscreme fest ist.

5 Zum Servieren die Förmchen etwa 10 Sekunden in warmes Wasser halten. Ein Messer jeweils zur Hälfte in die Mitte der Eisportionen stecken und leicht dre-hen, um das Eis aus den Förmchen zu lösen. Auf Teller stürzen, mit etwas war-mem Honig beträufeln und mit Orangen-blüten dekorieren. Sofort servieren.

Wassermelonensorbet mit Schokoladenraspeln

Sorbetto di anguria con semi di cioccolato

Jedes Mal, wenn wir dieses kühle, erfrischende Sorbet bereiten, löst es große Begeisterung aus. Wichtig ist stets eine leichte Zimtnote, und manchmal kommt auch etwas von dem sehr exotischen Jasminblütenwasser dazu. Diese Mischung wird auf viele verschiedene Weisen verwendet, so auch als Gelee, das jedoch nicht ganz so beliebt ist. Für das Rezept benötigt man keine ganze Wassermelone, darum den Rest im Kühlschrank aufbewahren und später vielleicht in einem Obstsalat verarbeiten.

FÜR 4–6 PERSONEN

750 g Wassermelone, in Würfel geschnitten
300 g extrafeiner Zucker (Menge je nach
   Süße der Wassermelone variieren)
1 Zimtstange
Frisch gepresster Saft von 2 Zitronen
Etwas rosa Speisefarbe (nach Bedarf)
1 Eiweiß
125 g Schokoladenraspel

1 Die Melonenwürfel mit einem kleinen Messer von eventuell verbliebenen Samen befreien und in der Küchenmaschine zu Saft verarbeiten. Bei laufender Maschine den Zucker einrieseln lassen und etwa 30 Sekunden untermischen.

2 Die Melonenmischung in einen Topf füllen und die Zimtstange hinzufügen. Langsam zum Kochen bringen und dabei ständig rühren, bis sich der Zucker vollständig aufgelöst hat. Die Temperatur reduzieren und die Mischung noch 1 Minute schwach köcheln lassen. Vom Herd nehmen, den Zitronensaft einrühren, abkühlen lassen. Falls die Melonenmischung keine intensive rosa Färbung angenommen hat, einige Tropfen rosa Speisefarbe zufügen.

3 Die Zimtstange aus der abgekühlten Mischung entfernen und diese mindestens 1 Stunde (besser über Nacht) in den Kühlschrank stellen. Auf diese Weise lässt sich das Sorbet später besser gefrieren.

4 Die Mischung in der Eismaschine nach Herstellerangaben halb gefrieren lassen. Das Eiweiß leicht verschlagen und hinzugießen, die Maschine dabei laufen lassen. Zuletzt die Schokoladenraspel unterrühren. Die Masse in einen Gefrierbehälter füllen, mit Backpapier abdecken und gefrieren lassen.

5 Alternativ die Masse in ein flaches Gefrierblech gießen und im Tiefkühlfach gefrieren lassen, bis die Ränder rundum fest geworden sind. Das Sorbet mit einer Gabel durchrühren. Das Eiweiß steif schlagen. Mit dem elektrischen Handrührgerät weiterschlagen und dabei das Sorbet portionsweise mit einem Esslöffel dazugeben, bis eine dicke, schaumige Masse entstanden ist. Im Tiefkühlfach fest werden lassen. Kurz bevor das Sorbet gefroren ist, die Schokoladenraspel untermischen. Fest gefrieren lassen. Das Sorbet vor dem Servieren 20 Minuten im Kühlschrank weich werden lassen.

CARLA TOMASI

Genueser Pandolce

Pandolce genovese

Carla Tomasi ist der Auffassung, dass man beim Backen nichts übereilen sollte. Sie hat Recht – ein perfekter Kuchen braucht seine Zeit.

FÜR MINDESTENS 10 PERSONEN

FÜR DEN VORTEIG:

300 ml lauwarmes Wasser
2 Päckchen Trockenhefe
Etwa 500 g Mehl (eventuell weniger)

FÜR DEN TEIG:

175 g sehr weiche Butter
200 g grober Zucker
150 ml Marsala, leicht erwärmt
Abgeriebene Schale von 1 großen
    unbehandelten Orange
2 EL Orangenblütenwasser
4 EL leicht gerösteter Fenchelsamen
1 TL feines Meersalz
Etwa 400 g Mehl, zusätzlich Mehl zum
    Kneten
Puderzucker (nach Belieben)

FÜR DIE FÜLLUNG:

50 g Pinienkerne
150 g ungeschwefelte Rosinen, in
    etwas heißem Weißwein eingeweicht,
    abgegossen und trockengetupft
50 g ungesalzene Pistazienkerne, enthäutet
100 g Orangeat, in kleine Stücke gehackt
1 EL Zimtpulver, vermischt mit
1 EL grobem Zucker

Pandolce *ist der Genueser Weihnachtskuchen, der in der Adventszeit täglich zubereitet wurde, bis der industriell hergestellte* panettone *(der größere „Bruder" des* pandolce*) sich durchsetzte. Je reichhaltiger der Teig, desto besser muss er gehen.* CT

1 Für den Vorteig das Wasser in eine Schüssel gießen. Die Hefe mit dem Schneebesen einrühren, bis sie sich aufgelöst hat. Mit einem Holzlöffel so viel Mehl unterrühren, dass eine dickflüssige Mischung entsteht. Zugedeckt 30–50 Minuten an einem warmen Ort gehen lassen.

2 Den Vorteig in eine Küchenmaschine füllen und die Butter portionsweise unterrühren. Nach und nach die übrigen Zutaten für den Teig hinzufügen und jeweils etwa 1 Minute untermischen. (Eventuell etwas weniger Mehl verwenden.) Mit den Knethaken weiterarbeiten und bei niedriger Stufe einen glatten, elastischen Teig herstellen, der nicht mehr kleben sollte. Den Teig nun auf der bemehlten Arbeitsfläche einige Minuten kneten. Zu einer Kugel formen, nach Belieben leicht mit Puderzucker oder Mehl bestreuen und in eine ausreichend große Schüssel legen, in der er auf das Dreifache seines Volumens aufgehen kann. Zugedeckt 3 Stunden gehen lassen.

3 Die Zutaten für die Füllung vermischen und beiseite stellen. Ein Backbrett leicht mit Mehl bestreuen. Den Teig darauf zu einer dicken, runden Platte flach klopfen. Die Füllung auf der Oberfläche verteilen und so in den Teig drücken, dass beim Backen nichts davon verbrennen kann. Dafür den Teigrand rundum zur Mitte falten und über der Füllung fest drücken.

4 Den Rand einer Springform (26 cm Durchmesser, 5 cm hoch) mit einem hohen Streifen von dreifach gelegtem Backpapier auskleiden. Den Teig herumdrehen (oben nach unten), zu einer Kugel formen, in die Form setzen und vorsichtig flach drücken, sodass die Form ausgefüllt ist. Locker mit einem Küchentuch bedecken und 1½–2 Stunden aufgehen lassen, bis das Volumen sich verdoppelt hat und der Teig auf Druck elastisch nachgibt.

5 Mit einem scharfen Messer ein Dreieck in die Oberfläche schneiden. Im vorgeheizten Ofen bei 180 °C (Umluft 160 °C) 40–50 Minuten backen, dabei nach 20 Minuten um 180 Grad drehen. Der Kuchen bekommt eine intensive braune Oberfläche. Vor dem Anschneiden 1 Tag ruhen lassen.

11

Vorräte, Getränke und Liköre

Kandierte Zitrusschale

Scorzetta candita

Kandierte Zitrusschale lässt sich leicht selbst herstellen. Statt für ein Handelsprodukt Geld auszugeben, sollte man die reichlich weggeworfenen Schalen als Vorrat verarbeiten. Selbst bereitet schmecken sie außerdem wesentlich besser. Kein italienischer Koch, mit dem ich gesprochen habe, würde fertig abgepackte gehackte Zitrusschale verwenden. Sie werden in vielen pikanten Gerichten wie auch in Desserts als Zutat gebraucht. In italienischen Supermärkten wird kandierte Zitrusschale oft an der Theke für Käse und Antipasti verkauft – die Auswahl reicht von kandierten ganzen Mandarinen bis zu kleinen Feigen.

ERGIBT 450 GRAMM

3 unbehandelte Orangen
4 unbehandelte Zitronen oder
  2 unbehandelte Grapefruit
350 g grober Zucker

1 Die Früchte waschen und bürsten, halbieren oder vierteln und das Fruchtfleisch auslösen.

2 Die Schale in einem Topf fast ganz mit kaltem Wasser bedecken. Aufkochen und halb zugedeckt 1–2 Stunden köcheln lassen, bis die Schale weich ist. (Für Grapefruit das Wasser zweimal wechseln). Herausheben, gut abtropfen lassen.

3 Die Garflüssigkeit mit Wasser auf 600 Milliliter auffüllen. 250 Gramm Zucker hinzufügen und bei schwacher Hitze unter Rühren auflösen. Aufkochen, die Zitrusschale einlegen, vom Herd nehmen und 2 Tage durchziehen lassen.

4 Den Sirup abgießen und den übrigen Zucker darin auflösen. Die Zitrusschale in diesem Sirup köcheln lassen, bis sie halb durchscheinend aussieht. 2–3 Wochen in dem dicken Sirup stehen lassen.

5 Den Sirup abgießen und die Zitrusschale auf einem Kuchengitter an einem warmen Ort trocknen lassen. Oder in den Backofen schieben bei niedrigster Temperatur und leicht geöffneter Tür. Die Temperatur darf 50 °C nicht übersteigen, da die Schalen sonst eine unschöne braune Farbe bekommen. Es dauert mehrere Stunden, bis die Schalen getrocknet sind. Luftdicht aufbewahren.

Mandelmilch

Latte di mandorla

Meine Kollegin Annie und ich haben uns in Sizilien auf die Suche nach der besten Mandelmilch gemacht und fanden sie in Syrakus. Etwas später, noch am selben Tag, entdeckten wir die spezielle Paste für die Zubereitung auf einem kleinen Markt in der Altstadt. Ich bewahre sie immer noch in meinem Kühlschrank auf, denn ich kann mich einfach nicht durchringen, sie zu verwenden. Hier nun das Rezept für die eigene Zubereitung. Wichtig sind sehr frische Mandeln – mit der Haut bleiben sie länger frisch.

ERGIBT ETWA 1 LITER

100 g Mandeln mit der Haut
4 EL Zucker
700 ml Wasser

1 Die Mandeln blanchieren: Mit kochendem Wasser bedecken und 5 Minuten stehen lassen, dann mit den Fingern aus der Haut drücken.

2 Mit dem Zucker in einen Mixer füllen und fein zermahlen. Bei laufendem Mixer nach und nach das Wasser dazugießen. Weitere 2–3 Minuten mixen. In einen Krug füllen und über Nacht in den Kühlschrank stellen.

3 Durch ein feinmaschiges Sieb abseihen und in großen Gläsern kalt servieren.

Zitronenlikör

Limoncello

Nach einem großen Essen ist dieser Likör herrlich erfrischend. Am besten bewahrt man ihn im Tiefkühlfach auf und serviert ihn in eisgekühlten Gläsern – welch ein fruchtiges Zitronenaroma! Überall dort, wo Zitronen wachsen, wird dieser Likör hergestellt. Ich serviere ihn unseren neuen Gästen stets am ersten Abend nach dem Essen, um nach den reichlichen sizilianischen Speisen und Weinen endgültig das Eis zu brechen. Je nach seinem Herkunftsort ist der Likör bekannt als Lemonello, Lemoncello, Limonello *oder* Limoncello.

ERGIBT ETWA ½ LITER

2 große unbehandelte Zitronen
450 ml Kornbrand oder Grappa
375 g Zucker
Frisch gepresster Saft von 1 Zitrone

1 Die Zitronen unter fließendem Wasser abbürsten und trockentupfen. Die Schale in langen Streifen abschneiden und in ein großes Einmachglas legen. Den Alkohol darüber gießen, das Glas verschließen und 2 Monate an einen dunklen Ort stellen.
2 Nach 2 Monaten den Zucker mit 250 Milliliter Wasser und dem Zitronensaft in einen Topf füllen und schwach erhitzen, bis sich der Zucker aufgelöst hat. Abkühlen lassen.

3 Das Einmachglas öffnen und den Zuckersirup einfüllen. Umrühren und einige Stunden stehen lassen. Durch ein feinmaschiges Sieb oder Filterpapier abseihen und in eine sterilisierte Flasche füllen. Verschließen und 1 Woche an einem kühlen, dunklen Ort aufbewahren.
4 Vor dem Servieren kalt stellen.

Walnusslikör

Nocino

Meine Mutter bereitet diesen Likör in unserem Haus im Südwesten Frankreichs zu, solange unsere Walnüsse noch weich und grün sind. Die verwendeten Walnüsse müssen so weich sein, dass man eine Nadel problemlos hindurchstechen kann. In Italien wird der Likör auf die gleiche Weise hergestellt, und zwar unbedingt am 24. Juni, dem Fest des Heiligen Johannes, denn das ist die beste Zeit. In ganz Italien und Europa werden Nusslikөre übrigens nach sehr ähnlichen Rezepten zubereitet. An einem kalten Winternachmittag vor dem Kaminfeuer schmeckt solch ein Likör einfach fantastisch.

ERGIBT ETWA 1½ LITER

30 grüne (unreife) Walnüsse
250 g Zucker
1 l Grappa oder ein anderer reiner Branntwein
Einige Streifen unbehandelte Zitronenschale
1 Zimtstange
1 Vanilleschote, längs aufgeschnitten
4 Gewürznelken
Etwas frisch geriebene Muskatnuss

1 Die Walnüsse mit einem scharfen Messer kreuzweise einschneiden (dabei unbedingt Gummihandschuhe tragen, damit die Nüsse die Hände nicht schwarz färben). Die Nüsse zusammen mit den übrigen Zutaten in ein großes Einmachglas füllen. Das Glas verschließen und kräftig schütteln.

2 Das Einmachglas 40 Tage an einen sehr sonnigen Ort stellen. Das Glas immer wieder verschieben, damit es in der Sonne steht und der Inhalt gärt.
3 Nach 40 Tagen den Inhalt abfiltern und die Flüssigkeit in sterilisierte Flaschen füllen. An einem kühlen, dunklen Ort 4 Monate stehen lassen.

Krokant aus Pinienkernen

Pinocatte

Eine Spezialität aus Perugia, wo dieser Krokant in buntem Papier zur Weihnachtszeit verkauft wird. Schon auf vielen Märkten habe ich die großen Tafeln gesehen, von denen für die Kunden Stücke abgebrochen und gewogen wurden. Da Pinienkerne in Italien billiger sind, nehme ich immer große Mengen mit nach Hause. Ich habe mich stets gefragt, warum sie so teuer sind, bis mir mein Freund (und Fotograf dieses Buches) Gus erzählte, dass er als Kind während seiner Sommerbesuche auf Elba von der Nachbarin Geld bekam, wenn er für sie Pinienkerne sammelte und aufbrach. Die Kerne sind so empfindlich, dass sie einzeln von Hand geschält werden müssen.

ERGIBT ETWA 900 GRAMM

Öl für die Backbleche
500 g grober Zucker
125 ml Wasser
300 g Pinienkerne

1 Die Zubereitung ist einfach, aber es muss zügig gearbeitet werden, sobald der Karamell fertig gekocht ist. Deshalb zunächst 2 Backbleche (oder Marmorplatten) dünn mit Öl bestreichen.

2 Den Zucker in einem schweren Topf mit dem Wasser verrühren. Schwach erhitzen, bis der Zucker schmilzt, aber noch nicht kocht. 10 Minuten stehen lassen, dann vorsichtig umrühren. Ist der gesamte Zucker geschmolzen, die Mischung kräftig aufkochen und so lange kochen lassen, bis der Sirup eine intensive Karamellfarbe annimmt. Genau dann die Pinienkerne unterrühren. Wird die Mischung fest, erneut schwach erhitzen.

3 Die Masse zügig auf die Bleche gießen und mit einem gefetteten Palettmesser glatt streichen. Mit dem Messer Quadrate oder Rauten eindrücken, fest werden lassen. Den Karamell in Stücke brechen und in hübsches Papier wickeln.

Quittenpaste

Cotognata

Zum ersten Mal sah ich diese Paste zum Trocknen auf einer Untertasse, die auf einem Stuhl in der Herbstsonne irgendwo am Kai in Syrakus stand. Ich fragte mich, was dies sein könnte, doch dann wurde mir klar, dass es sich um cotognata handelte. In Antiquitätengeschäften findet man heute noch Terrakottaförmchen für die Paste, die oft fälschlich für Aschenbecher gehalten werden. Im Boden sind kleine Bilder eingearbeitet, die später in der gestürzten Paste sichtbar sind. Cotognata reicht man, in Würfel geschnitten, zum Kaffee.

ERGIBT ETWA 2 KILOGRAMM

900 g reife Quitten, geschält, geviertelt und
    vom Kerngehäuse befreit
1 Zitrone, in dünne Scheiben geschnitten
Zucker (Menge siehe Rezept)

1 Die Quitten mit den Zitronenscheiben und etwas Wasser in einen Topf füllen. Aufkochen und in 40 Minuten bei schwacher Hitze weich köcheln lassen.

2 Leicht abkühlen lassen und durch ein Passiersieb streichen. Das Püree wiegen und mit der gleichen Menge Zucker zurück in den sauberen Topf füllen. Gut durchrühren und bei schwacher Hitze den Zucker auflösen.

3 Aufkochen und das Püree etwa 1 Stunde köcheln lassen, gelegentlich rühren. Sobald sich eine pastenartige Konsistenz bildet, in leicht geölte Untertassen oder Förmchen füllen. Abkühlen und einige Tage an einem luftigen Ort trocknen lassen. Aus den Förmchen stürzen und auch die Oberseite trocknen lassen. In gewachstes Papier wickeln und kühl aufbewahren.

ANNA DEL CONTE

Süßes Quittenmus, mit Senf aromatisiert

Mostarda di Venezia

Dieses Rezept für *mostarda*, eine Spezialität, die man außerhalb Italiens kaum kennt, stammt von Anna del Conte. Ein perfekter Begleiter für die verschiedensten Fleisch- und Wurstwaren sowie für Wildgerichte. Quitten sind in Italien sehr beliebt und werden auf vielerlei Weisen zubereitet.

ERGIBT 6 GLÄSER, JE 450 GRAMM

1,8 kg Quitten
1 Flasche trockener Weißwein (750 ml)
Abgeriebene Schale und Saft von
   1 unbehandelten Zitrone
Zucker
5 EL Senfpulver
Salz
150 g kandierte Zitrusschale, in
   kleine Würfel geschnitten (siehe Rezept
   Seite 184)

Es ist mir nie gelungen, eine gute mostarda di Cremona *zu bereiten, dafür jedoch eine exzellente* mostarda di Venezia. *Es gibt aber noch einen anderen Grund dafür, dass ich mich nicht mehr um* mostarda di Cremona *bemüht habe, die venezianische Variante dagegen zubereite.* Mostarda di Cremona *kann man in exzellenter Qualität in fast allen italienischen Lebensmittelgeschäften kaufen.* Mostarda di Venezia *findet man dagegen nur selten, die Zubereitung ist jedoch sehr einfach. Dieses Rezept basiert auf der Anleitung, die Robin Weir und Rosamond Man in ihrem Buch* The Compleat Mustard *veröffentlicht haben, sowie auf einem Rezept, das ich von meiner guten Freundin Maria Deana erhielt. Maria ist die Tochter des berühmten Arturo Deana, des ursprünglichen Besitzers des Ristorante La Colomba in Venedig. In diesem Restaurant wurde die* mostarda di Venezia *mit einer gesüßten Mascarponecreme serviert, verfeinert mit einem Gläschen Rum. Das kleine Gebäck dazu hatte die Form einer* colomba *(einer Taube). Maria erklärte mir, dass auf diese Weise Käse, Süßspeise und Früchte in einem Dessert kombiniert würden.* ADC

1 Die Quitten schälen, vierteln, vom Kerngehäuse befreien und in kleine Stücke schneiden. In einem Topf mit dem Wein bedecken. Zitronenschale und -saft hinzufügen. Aufkochen und in etwa 40 Minuten bei schwacher Hitze weich köcheln lassen.
2 Die Quitten durch ein Passiersieb streichen, das Püree wiegen und mit der gleichen Menge Zucker zurück in den sauberen Topf füllen.
3 Das Senfpulver in etwas heißem Wasser auflösen und mit 1 Teelöffel Salz sowie der kandierten Zitrusschale unter das Püree rühren. Bei schwacher Hitze in 20 – 30 Minuten einkochen lassen, bis ein dickes Mus entstanden ist.
4 Einige Einmachgläser sterilisieren und das Mus einfüllen. Sobald es abgekühlt ist, die Gläser verschließen. Bis zur Verwendung 1 Monat stehen lassen.

TIPP: Kaufen Sie lieber gute kandierte Zitrusschale in ganzen Stücken, nicht die fertig abgepackte, bereits gehackte Schale. Oder stellen Sie sie selbst her. Wer keine Quitten bekommt, kann stattdessen Birnen verwenden.

Rezeptregister

Die Meisterköche

Anna del Conte (ADC)

Anna wurde in Mailand geboren und erhielt dort ihre Ausbildung, lebt aber heute in Großbritannien und hat als Kochbuchautorin bedeutende Auszeichnungen erhalten. Zu ihren Büchern zählen *The Food of Northern Italy* und *The Gastronomy of Italy* (Pavilion).

Mary Contini (MC)

Mary schreibt Kochbücher, kocht selbst und gehört zu den Besitzern der berühmten und prämierten Feinkost- und Weinhandlung Valvona & Crolla in Edinburgh.
Ihre Hompage: *www.valvonacrolla.co.uk*.

Ursula Ferrigno (UF)

Ursula gehört zu Großbritanniens überschwänglichsten Anhängern der italienischen Küche. Sie hat mehrere Bücher geschrieben und an vielen Veröffentlichungen mitgearbeitet. Sie unterrichtet in der Kochschule La Cucina Italiana in Umbrien und tritt in Radio und Fernsehen auf.

Valentina Harris (VH)

Valentina ist eine äußerst produktive Kochbuchautorin, Lehrerin und Food-Expertin, die regelmäßig internationale Radio- und Fernsehsendungen moderiert. Aus Rom stammend, lebt sie heute wieder in Italien, wo sie in ihrer neuen Kochschule in Ligurien unterrichtet.
Ihre Homepage: *www.villavalentina.com*.

Alastair Little (AL)

Der innovative Chef der Alastair Little Restaurants in London und Direktor von Tasting Places Italian Cookery Holidays (Kochschulen allererster Adresse) ist bereits im Fernsehen aufgetreten und hat viele Bücher geschrieben.
Seine Homepage: *www.tastingplaces.com*.

Alvaro Maccione (AM)

Alvaro ist der Chefkoch des berühmten La Famiglia, eines toskanischen Restaurants in London, sowie Experte für die italienische Küche und begabter Lehrer. *La Cucina Toscana* (Christian Verlag) heißt sein toskanisches Kochbuch.

Claudio Pecorari (CP)

Der gebürtige Triester leitete mit seinem Restaurant Cibo die explosionsartige Ausbreitung der modernen italienischen Küche ein, er verbannte die Spaghetti und ersetzte sie durch Gnocchi. Als Nächstes folgte sein Fischrestaurant L'Altro. Nach einigen weiteren Restaurants ist er nun ein begabter Lehrer.

Claudia Roden (CR)

Claudia Roden gehört zu Großbritanniens beliebtesten und kompetentesten Kochbuchautorinnen. Ihr Buch *The Food of Italy* (Pavilion) gewann viele bedeutende Auszeichnungen. Sie tritt in Radio und Fernsehen auf.

Franco Taruschio (FT)

Franco war seit 1963 Besitzer des Restaurants Walnut Tree Inn in Abergavenny, Wales, wo er sein großes Wissen über die Zubereitung von Fisch, Wild und Wildpilzen demonstrierte. Heute ist er Food-Experte und lehrt die italienische Küche. Sein Buch *Leaves from the Walnut Tree* ist ein Klassiker.

Francesco Zanchetta (FZ)

Francesco stammt aus Friaul und arbeitete in vielen italienischen Restaurants, etwa in Harry's Bar in Venedig, ehe er Chefkoch von Riva in London wurde. Er hat bereits viele Kochkurse in der Toskana und Venetien gegeben.

Giuseppe Sylvestri (GS)

Giuseppe stammt von der schönen Insel Capri, wo seine Familie immer noch ein Restaurant besitzt. Er hat schon überall auf der Welt gekocht und ist nun italienischer Chefkoch von Harrods in London. Er kreiert besondere Menüs, berät und unterrichtet bei Kochurlauben in ganz Italien.
Seine Homepage: *www.slowfood.com*.

Anna Tasca Lanza (ATL)

Gräfin Tasca d'Almerita erforscht seit Jahren die kulinarischen Traditionen Siziliens, die immer schneller verschwinden. Auf dem Landsitz ihrer Familie leitet sie eine Kochschule und gibt ihr Wissen über die sizilianische Küche weiter. Sie hat schon mehrere Bücher geschrieben.

Fulvia Sesani (FS)

Fulvia, gebürtige Venezianerin, ist eine Expertin in kulinarischen Fragen und veranstaltet im Anwesen ihrer Familie, dem Palazzo Morosini della Trezza in Venedig, Kochkurse. Sie schreibt für internationale Zeitschriften und ist bereits im Fernsehen aufgetreten.

Carla Tomasi (CT)

Carla wurde in Rom geboren und war nach der Ausbildung in London Chefköchin bei Frith's in Soho sowie bei The Peasant in Clerkenwell. Nach Rom zurückgekehrt, hat sie sich aufs Backen spezialisiert und gibt in ganz Italien (und Europa!) Kochkurse.

Judy Witts Francini (JWF)

Judy zog 1984 aus den USA nach Florenz und eröffnete 1988 ihre Kochschule La Divina Cucina, die sie bis heute leitet.
Ihre Homepage: *www.divinacucina.com*.

Giuliano Bugialli (JB)

1972 eröffnete Giuliano Cooking in Florenz, die erste englischsprachige Kochschule Italiens. Giuliano unterrichtet im Ausland und im Fernsehen. Er hat mehrere originelle Bücher über die italienische Küche verfasst, etwa Giuliano Bugiallis *Foods of Italy* (Stewart, Tabori and Chang.)
Seine Homepage: *www.bugialli.com*.

Pino Luongo (PL)

Pino wuchs in der Toskana auf und lebt nun schon seit 20 Jahren in den USA. Der hochgerühmte Chefkoch besitzt in den USA zehn Restaurants sowie Manhattans Markt, den Tuscan Square. Zu seinen Büchern zählt auch *Simply Tuscan* (Pavilion).

Viana La Place (VLP)

Viana gehört zur zweiten Generation italo-amerikanischer Chefköche, ist eine hervorragende Autorin und hat viele Bücher geschrieben. Sie lebt in San Francisco, verbringt aber jedes Jahr eine gewisse Zeit in Italien.

Francesca Romina (FR)

Francesca gehört zur zweiten Generation von New Yorker Sizilianern, ist eine talentierte Köchin und Lehrerin und hat bereits ein Buch veröffentlicht. Sie unterrichtet regelmäßig an ihrer New York's Little Italy Cooking School.

Stephanie Alexander (SA)

Stephanie leitete das prämierte Stephanie's Restaurant und später das Richmond Hill Café and Larder im australischen Melbourne. Sie arbeitet regelmäßig an Kochbüchern mit und ihre eigenen stehen auf den Bestsellerlisten. Zusammen mit Maggie Beer veranstaltete sie Kochkurse in der Toskana; die beiden haben auch ein gemeinsames Buch mit Erinnerungen und Rezepten verfasst.

Maggie Beer (MB)

Die australische Restaurantbesitzerin und Kochbuchautorin begann ihre Karriere mit dem Züchten von Fasanen, eröffnete dann ein Restaurant und einen Lebensmittelversand. Sie liebt die italienische Küche, insbesondere die der Toskana.